Gerd-Heinrich Neumann
Johannes Bökmann
Unterrichtseinheiten für das Fach Religion

**Institut für
Lehrerfortbildung
Essen–Werden**  **Unterrichtshilfen für
Sekundarstufen  Band 2**

Gerd-Heinrich Neumann
Johannes Bökmann

# Unterrichtseinheiten für das Fach Religion

Einheiten aus dem Grenzgebiet
von Biologie und Theologie

Verlag Butzon · Bercker · Kevelaer

Mitglied der »verlagsgruppe engagement«

ISBN 3 7666 8991 6

© 1977 Verlag Butzon & Bercker D-4178 Kevelaer.
Alle Rechte vorbehalten.
Grafik-Design: P. Strube, Münster-Hiltrup.
Herstellung: Weiß & Zimmer AG, Mönchengladbach.

# MITARBEITER

1. Fachberater bei der Entwicklung folgender Unterrichtseinheiten:
Die vorgeburtliche Diagnose von genetischen Schädigungen und einige sich daraus ergebende ethische Probleme; Genmanipulation und Verantwortung für die Zukunft: Prof. Dr. W. Tünte, Universität Münster


2. Die Unterrichtsreihen erprobten:
Realschullehrer P. Adalbert Hellebrand (Realschule der Benediktiner, Aachen-Kornelimünster) in Klassenstufe 10;
StR. P. Josef Vodde (Gymnasium Maria-Königin, Lennestadt) im Grundkurs der gymnasialen Oberstufe;
StR. E. Borghoff (Gymnasium der Benediktiner, Meschede) im Grundkurs der Jahrgangsstufe 12;
StD. F. Wilmes (Gymnasium der Benediktiner, Meschede) im Grundkurs der Jahrgangsstufe 12;
P. Adalbert (Gymnasium St. Christophorus, Werne a.d.Lippe) im Grundkurs der Jahrgangsstufe 13;
OStD. Schwester Agnes Bernharda Zepter (Mariengymnasium, Essen-Werden) im Leistungskurs der Jahrgangsstufe 12.
Frau Konrektorin E. Tigges, Fachleiterin im Studienseminar in Olpe-Sondern, sah die ersten Entwürfe der vorliegenden Unterrichtsreihen kritisch durch.


3. An der Materialbeschaffung und der Durchführung notwendiger Voruntersuchungen wirkten folgende Biologiestudenten im Rahmen von Staats- und Diplomarbeiten mit:

Unterrichtsreihe I:
G. Schulze-Eckel: Ausstoßaggressivität bei Hühnern

A. Drude: Ausstoßaggressivität bei Hühnerküken
B. Köhler: Ausstoßaggressivität bei Mandarinenten
M. Zielonka: Ausstoßaggressivität bei Brautenten
U. Tinnefeld: Textbogen 12, Befragungsergebnis.

Allen Mitarbeitern sei an dieser Stelle noch einmal herzlich gedankt. Ohne ihre tatkräftige Hilfe und ohne ihren Ideenreichtum wäre es nicht möglich gewesen, die jetzt vorliegenden vier Unterrichtsreihen zu entwickeln.

Gerd-Heinrich Neumann  
Johannes Bökmann

# Inhaltsverzeichnis

1. Vorwort     9

2. Die Unterrichtsreihen     11

2.1. Aufbau der einzelnen Unterrichtsreihe aus Unterrichtseinheiten     11

2.2. Struktur und Aufbau der einzelnen Unterrichtseinheit     11

2.3. Liste der zitierten Schulbücher für das Fach Biologie     12

3. Unterrichtsreihe I: Der Mensch und seine Vorurteile     15

3.1. Textbögen zur Unterrichtsreihe I     35

4. Unterrichtsreihe II: Regulation der menschlichen Fortpflanzung     59

4.1. Textbögen zur Unterrichtsreihe II     95

5. Unterrichtsreihe III: Alter, Lebensverlängerung und Tod     119

5.1. Textbögen zur Unterrichtsreihe III     139

6. Unterrichtsreihe IV: Verantwortung für die Zukunft     171

6.1. Textbögen zur Unterrichtsreihe IV     191

# 1. VORWORT

Die vorliegenden "Unterrichtseinheiten für das Fach Religion - Einheiten aus dem Grenzgebiet von Biologie und Theologie" sind in mehrjähriger Arbeit entwickelt und an Schulen erprobt worden. Sie eignen sich für den Einsatz sowohl in den Abschlußklassen der Sekundarstufe I als auch für den Einsatz im Grund- und Leistungskurs der Sekundarstufe II.

Erfahrungen beider Autoren in der Lehrerfortbildung haben gezeigt, daß es unerläßlich ist, Themen aus dem Grenzgebiet von Biologie und Religion im Religionsunterricht zu behandeln. Die Inhalte dieser Themen sind für das Selbstverständnis des einzelnen Christen von großer Bedeutung. Sie motivieren die Schüler besonders stark.
Die Besprechung der vorliegenden Themenbereiche bereitet den meisten Religionslehrern allerdings Schwierigkeiten. Einmal werden entsprechend erprobte Unterrichtsreihen bis heute nur vereinzelt angeboten. Sodann stehen viele Lehrer den Forschungsergebnissen der modernen Biologie verunsichert gegenüber.
Schüler sprechen im Religionsunterricht über die "Regulation der menschlichen Fortpflanzung", behandeln Fragen im Zusammenhang mit der "genetischen Manipulation" und erfahren, daß es möglich geworden ist, vorgeburtlich Schädigungen am Fötus zu diagnostizieren.
Im Religionsunterricht erwarten sie dann eine Stellungnahme aus christlicher Sicht. Darf die Biologie, was sie kann?
Der Religionslehrer soll nun Sachverhalte bewerten, "die sich auf eine ganz neue, so bisher nicht gegebene Wirklichkeit beziehen" (vgl. K. Rahner, Textbogen 10 aus der Unterrichtsreihe "Verantwortung für die Zukunft").

Die sittliche Bewertung ist besonders deshalb so schwierig, weil die Art und Weise, wie diese Sachverhalte, die alle eine erhebliche ethische Relevanz besitzen, dargestellt werden, zumeist nicht befriedigen kann. Begriffliche Unexaktheit wie "Schwangerschaftsverhütung", gefährliche Unrichtigkeiten wie die Einbeziehung der die Nidation verhindernden Spirale in die Methoden der "Empfängnisregelung" oder biologische Unsinnigkeiten wie "Schwangerschaftsunterbrechung" statt "Schwangerschaftsabbruch" finden sich in vielen eingeführten Schulbüchern für das Fach Biologie.
Im Religionsunterricht muß dem Schüler zunächst bewußtgemacht werden, daß und weshalb diese Art der Darstellung nicht befriedigen kann.

Um dieses Ziel zu erreichen, sollte zunächst ausschließlich sachbezogen, methodisch sauber und vorurteilsfrei informiert werden. Erst im Anschluß daran kann der vorliegende Sachverhalt sittlich bewertet werden.

Die erforderliche Basisinformation wird dem Leser und Benutzer dieses Buches im allgemeinen vermittelt. Sollte das Grundlagenwissen nicht ausführlich genug dargestellt sein, so findet der interessierte Religionslehrer weitere Ausführungen in der Schrift: Gerd-Heinrich Neumann, Naturwissenschaftliche Anthropologie vor ethischen Problemen. Darf die Biologie, was sie kann?, Reihe: MKR 4, Verlag Butzon & Bercker, Kevelaer 1976.

## 2. DIE UNTERRICHTSREIHEN

### 2.1. Aufbau der einzelnen Unterrichtsreihe aus Unterrichtseinheiten

Die 4 Unterrichtsreihen bestehen nicht aus einzelnen Stunden, sondern aus Unterrichtseinheiten (UE). Durch diese Benennung soll deutlich gemacht werden, daß nicht davon ausgegangen wird, es sei möglich, jede Unterrichtseinheit im Zeitraum einer Unterrichtsstunde durchzunehmen. Das wird sicherlich teilweise gelingen. In vielen Fällen wird man aber auch eine Doppelstunde für die Behandlung einer Unterrichtseinheit ansetzen müssen.
Die einzelne Unterrichtseinheit hat immer ein bestimmtes Thema, das dem Schüler zu Beginn des Unterrichts genannt werden sollte.

### 2.2. Struktur und Aufbau der einzelnen Unterrichtseinheit

Alle Unterrichtseinheiten sind prinzipiell gleich aufgebaut. Sie bestehen ausnahmslos aus:
Thema: z.B. "Wann beginnt menschliches Leben?";
Unterrichtsmedien;
Zielsetzungen der Unterrichtseinheit;
Geplanter Verlauf der Unterrichtseinheit.

*Unterrichtsmedien*
An Unterrichtsmedien werden in jeder Unterrichtseinheit Textbögen (TB) eingesetzt. Alle Textbögen sind in diesem Buch am Ende der entsprechenden Unterrichtsreihe abgedruckt.

*Geplanter Verlauf der Unterrichtseinheit*
Da jede einzelne Unterrichtsreihe nicht nur in Grund- und Leistungskursen aller

Klassenstufen der Sekundarstufe II, sondern auch in Abschlußklassen der Sekundarstufe I eingesetzt werden soll, kann natürlich nur eine Planung des Unterrichtsverlaufs jeder Unterrichtseinheit vorgeschlagen werden. Es sei aber betont, daß alle gemachten Vorschläge in der Praxis mehrfach erprobt worden sind. Die während dieser Erprobung gewonnenen Erfahrungen gingen in die hier vorliegende Endfassung ein.

Bei mehreren Unterrichtseinheiten werden in Sonderkapiteln noch notwendige Sachinformationen für den Lehrer gegeben. Mehrfach werden auch didaktisch-methodische Bemerkungen gemacht. Soweit es zur erfolgreichen Behandlung der jeweils vorliegenden Unterrichtseinheit erforderlich ist, wird die mit dem Thema gegebene "Problemstellung" herausgearbeitet. Weiter wird mehrfach ausführlich dargelegt, wie die Thematik der Unterrichtseinheit in Schulbüchern für den heutigen Biologieunterricht behandelt wird. Eine Liste der durchgesehenen Bücher findet sich anschließend.

## 2.3. Liste der zitierten Schulbücher für das Fach Biologie

*Sekundarstufe I:*

Bauer: Humanbiologie, Cornelsen-Velhagen & Klasing, Bielefeld 1974 (empfohlen für das 9./10. Schuljahr)

Bruggaier-Kallus: Einführung in die Biologie. Biologie des Menschen, Verlag Diesterweg, Frankfurt 1973

Fels: Der Mensch, Klett Verlag, Stuttgart 1971

Garms: Lebendige Welt, Biologie 2 für die Sekundarstufe I ab 7. Schuljahr, Westermann Verlag, Braunschweig 1975

Kattmann-Palm-Rüther: Kennzeichen des Lebendigen, Bd. 7/8: Umwelt und Gene, und Bd. 9/10: Mensch und Biosphäre, Vieweg-Schulverlag, Düsseldorf 1975
Lange-Strauß-Dobers: Biologie, Bd. 1-3, Schroedel Verlag, 1967, 1969, 1971
Linder-Hübler: Biologie des Menschen, Metzlersche Verlagsbuchhandlung, Stuttgart 1976

*Sekundarstufe II:*
Linder: Biologie, Metzlersche Verlagsbuchhandlung, Stuttgart $^{17}$1976
Fels: Der Organismus, Klett Verlag, Stuttgart $^{2}$1976

Weiterhin wird zitiert aus:
"Biologie des Alterns", Heft 4, Dezember 1976, der Zeitschrift "Unterricht Biologie", Friedrich Verlag Velber, 3016 Seelze 6.

3. Unterrichtsreihe I:

   Der Mensch und seine Vorurteile

*Problemstellung*

Die Unterrichtsreihe "Der Mensch und seine Vorurteile" behandelt ein Thema, das für jeden einzelnen wie auch für die Gesellschaft von besonderer Bedeutung ist. Unerwünschte Vorurteile und Negativeinstellungen Außenseitern wie Behinderten, Gastarbeitern, Farbigen oder Sonderschülern gegenüber gibt es nicht nur in unserem Kulturraum. Diese "Geißel der Menschheit" ist vielmehr weltweit verbreitet. Menschen neigen dazu, Außenseiter aus der Gesellschaft zu isolieren. Wir praktizieren mehr oder minder ausgeprägt ein Abstoßungsverhalten, wobei vermutlich die Angst vor dem uns Fremden eine ganz wesentliche Rolle spielt.
Alle Autoren, die sich mit Vorurteilen beschäftigen, betonen die Notwendigkeit, diese zu überwinden.
Der Pädagoge W. Thimm (1976) und mit ihm viele andere führen die negativen Einstellungen gegenüber Außenseitern der Gesellschaft primär auf "gesellschaftlich vermittelte Dispositionen" zurück. Derselbe Autor sieht aber auch, daß die "Frage nach der Entstehung von Vorurteilen nicht ausreichend untersucht ist".
Diese kritische Einschätzung vermißt man bei marxistischen Deutungsversuchen der Entstehung des Vorurteils. In unzulässiger Einseitigkeit ist von Jantzen (1974) die kapitalistische Gesellschaft mit der angeblich ausschließlichen Bewertung des Menschen nach seiner Leistungsfähigkeit verantwortlich für die Entstehung der unerwünschten Vorurteile Außenseitern gegenüber, die ja häufig nur wenig meßbar zu fassende Leistungen vollbringen können. Diese monokausale Betrachtung ist sicherlich zu einseitig und allerhöchstens als Mitursache akzeptabel. Dem naturwissenschaftlich denkenden Anthropologen fällt auf, daß bei der Diskussion nach der Genese von Vorurteilen im

allgemeinen nicht die Frage gestellt wird, ob
auch genetische Bedingtheiten, also biologisch vorgegebene Dispositionen bzw. stammesgeschichtliche, angeborene Anpassungen Mitursache für das Vorhandensein eben dieser
Vorurteile sein könnten. Dabei ist die Beantwortung dieser Frage bedeutungsvoll. Denn nur
wenn wir möglichst viel und Genaues über die
Ursachenproblematik wissen, können wir erfolgreich gegen Vorurteile angehen.
Falls biologisch vorgegebene Bereitschaften
Mitursache für die Entstehung aggressiver
Vorurteile Außenseitern gegenüber sind, dann
bedeutet das noch längst nicht, daß die unerwünschte Einstellung diesen Personengruppen
gegenüber schicksalhaft hingenommen werden
muß. Auch angeborene Bereitschaften sind
beeinflußbar und lassen sich ethisch-kulturell überformen.


*Literatur*

Jantzen, W.:      Sozialisation und Behinderung,
                  Gießen 1974
Neumann, G.-H.:   Vorurteile und Negativeinstellungen Behinderten gegenüber -
                  Entstehung und Möglichkeiten
                  des Abbaues aus der Sicht
                  der Verhaltensbiologie, in:
                  Rehabilitation 16, 1977,
                  S. 101-106
Thimm, W.:        Einstellungen zu Behinderten
                  und Möglichkeiten der Änderung
                  von Einstellungen, in: Rehabilitation 15, 1976, S. 1-11


*Inhalt der Unterrichtsreihe*

Die vorliegende Unterrichtsreihe besteht aus
folgenden 4 Unterrichtseinheiten:

1. UE: Vorurteile sind weltweit verbreitet
2. UE: Vorurteile sind eine Geißel der Menschheit
3. UE: Weshalb haben wir Menschen Vorurteile?
4. UE: Vorurteile sind unmenschlich und müssen überwunden werden

In der 1. Unterrichtseinheit lernt der Schüler zunächst am Beispiel von aggressiven Außenseiterreaktionen, die zu Vorurteilen Behinderten gegenüber führen können, exemplarisch das Ausmaß der Verbreitung solcher Vorurteile kennen. Vor allem Verhaltensauffälligen und Geistigbehinderten begegnen viele mit spontaner, manchmal aggressiver Ablehnung. Es wird dann weiter mit den Schülern erarbeitet, daß solche schreckhaften Reaktionen Außenseitern gegenüber in allen menschlichen Kulturen nachweisbar sind und daß es vergleichbares Schreckverhalten und Außenseiteraggressivität schon bei höheren, soziallebenden Tieren gibt. Überall erwarten Menschen von Mitmenschen und soziallebende Tiere von Artgenossen gruppenkonformes Verhalten.

Die 2. Unterrichtseinheit beschäftigt sich mit den Folgen von Vorurteilen. Sie werden als "Geißel der Menschheit" dargestellt.

Weshalb wir Menschen Vorurteile haben, ist Thema der 3. Unterrichtseinheit. Die Ergebnisse der naturwissenschaftlichen Anthropologie werden herausgearbeitet.

Daß Vorurteile nicht als Schicksal hingenommen werden müssen, sondern durch Erziehung beeinflußbar sind, ist Thema der abschließenden 4. Unterrichtseinheit. Der Christ sollte sich darüber im klaren sein, daß er in besonderer Weise verpflichtet ist, sich darum zu bemühen, Vorurteile ethisch-kulturell zu überformen.

*Vorurteile als Thema im heutigen
Biologieunterricht*

In den auf Seite 12 f. genannten Schulbüchern wird auf Vorurteile nicht näher eingegangen. Das ist ebenso überraschend wie die Tatsache, daß auch die gesamte Behindertenproblematik nur vereinzelt Thema im heutigen Biologieunterricht ist. Diese "Abstinenz" im gegenwärtigen Biologieunterricht ist unverständlich, sind doch bis zu 10 % aller Menschen behindert. Das Institut für Lehrerfortbildung Essen-Werden hielt es deshalb für erforderlich, im 1. Band der vorliegenden "Unterrichtshilfen für Sekundarstufen" die Unterrichtsreihe "Das behinderte Kind und seine Probleme" zu veröffentlichen. Da dieses Buch aber erst seit 1976 angeboten wird, kann davon ausgegangen werden, daß die meisten Schüler sich mit den menschlichen Vorurteilen aus biologischer Sicht noch nicht beschäftigt haben.


*Literatur*

Neumann, G.-H.: Unterrichtseinheiten für das
              Fach Biologie in der Sekundarstufe I, Reihe: uh 1,
              Kevelaer 1976


*Bemerkungen zum Menschenbild der Biologie*

Da es ohne Kenntnisse der Ergebnisse der naturwissenschaftlichen Anthropologie nicht möglich ist, Aspekte der Entstehung und Wege der Überwindung von Vorurteilen zu begreifen, wird im folgenden auf das biologische Menschenbild kurz eingegangen.
Die Biologie beschreibt den Menschen als gewordenes Lebewesen mit gewordener Sonderstellung, dessen Evolution nicht abgeschlossen

ist. Der Mensch ist weder ausschließlich Natur- noch Kulturwesen, sondern vielmehr von Natur aus Kulturwesen. Er wird bestimmt von einer Fülle von angeborenen und erworbenen Verhaltensweisen und ist keinesfalls ein "Instinktmängelwesen". Stammesgeschichtliche Verhaltensanpassungen sind vor allem im menschlichen Sozial-, Geschlechts- und Aggressionsverhalten aufweisbar. In diesen Verhaltensbereichen laufen komplizierte Verhaltensketten mit angeborenen und erworbenen Verhaltensanteilen ab. Es geht gewiß an der Sache vorbei, zu fragen, ob menschliches Aggressionsverhalten angeboren oder erworben sei. Zu untersuchen ist vielmehr, welche Glieder der Kette angeboren bzw. biologisch disponiert und welche tradiert sind. Es gibt überhaupt kein Verhalten, das ausschließlich angeboren bzw. erworben ist.
Nichtnaturwissenschaftler übersehen die Bedeutung der stammesgeschichtlich entstandenen Anpassungen für den einzelnen Menschen häufig. In behavioristischer Einseitigkeit ist für viele von ihnen der "Mensch so sehr Kulturwesen, daß es geradzu sinnlos ist, von einer Natur des Menschen zu sprechen" (H. Kentler, 1971). Sie ziehen daraus Schlußfolgerungen, die in vielen Fällen dazu führen, daß Menschen permanent überfordert bzw. unterfordert werden.
Wenn Naturwissenschaftler immer wieder betonen, daß es auch beim heutigen Menschen eine Fülle angeborener Verhaltensanteile gibt, dann meinen sie damit allerdings nicht, daß diese angeborenen Anteile schicksalhaft hingenommen werden müssen und daß sie in jedem Falle zweckmäßig sind. Auch angeborenes Verhalten bzw. biologisch vorgegebene Verhaltensdispositionen sind durch Erziehung und Gewissensbildung beeinflußbar.
Etwa 99 % seiner Geschichte hat der Mensch als Jäger und Sammler verbracht, und zwar auf altsteinzeitlicher Kulturstufe. Die stammes-

geschichtlich gewordenen Verhaltensanpassungen sind vermutlich an diese Lebensweise und Kulturstufe angepaßt. Betrachtet man die Gesamtgeschichte der Menschheit, dann wird einem klar, daß erst vor wenigen Jahrtausenden - also erst seit historischer Zeit - diese Jäger- und Sammlerkultur aufgegeben wurde. Mehr und mehr wurde unsere Umwelt eine künstliche, eine von uns selbst gemachte. Das führte dazu, daß wir mit manchen unserer angeborenen Verhaltensdispositionen gar nicht mehr an diese Umwelt angepaßt bzw. adaptiert sind. Aus biologischer Sicht sind sie nicht mehr zweckmäßig und führen vor allem in unserem Sozialverhalten gehäuft zu Konfliktsituationen. In diesen Fällen müssen wir als Kulturwesen versuchen, diese stammesgeschichtlich entstandenen Anpassungen ethisch-kulturell zu überformen. Abschaffen können wir sie nicht, da wir sie als genetische Information mit in die Wiege bekommen haben.

*Literatur*

Neumann, G.-H.: Naturwissenschaftliche Anthropologie vor ethischen Problemen. Darf die Biologie, was sie kann?, Reihe: MKR 4, Kevelaer 1976, S. 5-15

Kentler, H.: Repressive und nichtrepressive Sexualerziehung, in: Kentler, H., u.a.: Für eine Revision der Sexualpädagogik, München 1971

*1. Unterrichtseinheit*

*Thema:* Vorurteile sind weltweit verbreitet

*Unterrichtsmedien:*

TB 1: Die weite Fahrt - eine Passion
TB 2: Befragungsergebnis
TB 3: Aus dem Tagebuch eines mongoloiden
      Jungen
TB 4: Vorurteile sind weltweit verbreitet
TB 5: "Vorurteile" im Tierreich

*Zielsetzungen der Unterrichtseinheit:*

Der Schüler soll
begreifen, wie stark Menschen unter Vorurteilen zu leiden haben;
wissen, daß viele Behinderte, vor allem Geistigbehinderte, Opfer von nicht zu verantwortenden Vorurteilen werden;
Verständnis für Geistigbehinderte und Außenseiter allgemein bekommen;
die Natur von Vorurteilen beschreiben können;
einsehen, daß Vorurteile zur Isolation der Betroffenen führen;
wissen, daß die Neigung zur aggressiven Außenseiterreaktion, die zu Vorurteilen führen kann, weltweit verbreitet und in allen Kulturen nachweisbar ist;
erfahren, daß auch bei einigen soziallebenden höheren Tieren nichtgruppenkonformes Verhalten zum "Vorurteil" (Abstoßung, Isolation, Schreck) führt;
die aggressive Komponente des Vorurteils kennen.

*Geplanter Verlauf der Unterrichtseinheit:*

1. Der Textbogen 1 "Die weite Fahrt - eine Passion" wird mit den Schülern besprochen. Der

Text behandelt die Eigenerfahrungen der Autorin Zenta Maurina zum Thema Vorurteil. Sie muß erleben, wie ihre Körperbehinderung dazu führt, daß sie von den Mitmenschen weitgehend isoliert wird. Sie erleidet diese Isolation und spricht von einem zweiten Kreuz.

2. Nicht nur Körperbehinderte werden häufig, bedingt durch aggressive Vorurteile, isoliert. Viel stärker sind geistigbehinderte Menschen und ihre Familien betroffen. Die negative Einstellung zu dieser Außenseitergruppe wird anhand des TB 2 "Befragungsergebnis" der Klasse verdeutlicht.
Bei der Interpretation des Befragungsergebnisses wird herausgearbeitet:

2.1. Charaktermängel vermuten 69 % der befragten Lehrer.

2.2. 79 % befürworten eine soziale Isolation.

2.3. Nur 27 % sind der Meinung, daß es nicht gut wäre, wenn geistig behinderte Kinder früh sterben.

2.4. Fast die Hälfte der Befragten lehnt es ab, daß das Töten eines schwachsinnigen Kindes durch die eigene Mutter als Mord bestraft wird.

3. TB 3 "Aus dem Tagebuch eines mongoloiden Jungen" wird anschließend gelesen und diskutiert. Es wird herausgearbeitet, wie stark das Vorurteil Geistigbehinderten gegenüber auf fehlerhafte, sachlich nicht zu begründende Verallgemeinerungen beruht.
Zum besseren Verständnis sollte der Lehrer seinen Schülern folgende Informationen geben: Der Text auf Bogen 3 stammt von dem 19jährigen mongoloiden Jungen Nigel Hunt. Er wurde nicht, wie es leider heute viel zu häufig geschieht, in Heimen bzw. Werkstätten für Geistigbehinderte erzogen, sondern lebte dauernd mit seinen Eltern zusammen. Er lernte

Lesen und Schreiben und litt nicht unter Hospitalismusschädigungen, wie sie bei vielen anderen mongoloiden Menschen als Folge von Heimerziehung anzutreffen sind.

4. Es wird eine erste Zusammenfassung gegeben: Ein Vorurteil ist eine Negativeinstellung Außenseitern wie z.B. Behinderten gegenüber, die im allgemeinen zu aggressiver Isolation führt. Wir Menschen neigen zum Vorurteil, zu falschen, großenteils sachlich nicht begründeten oberflächlichen Verallgemeinerungen.

5. Anschließend wird erarbeitet, daß Vorurteile nicht nur in unserer Gesellschaft, sondern in allen Kulturen nachweisbar sind. Dazu wird TB 4 "Vorurteile sind weltweit verbreitet" bearbeitet. Der Text stammt von dem Erziehungswissenschaftler F. Mayer, Wien.

6. Daß es auch "Vorurteile" bei höheren soziallebenden Tieren gibt, ersehen die Schüler aus TB 5 "'Vorurteile' im Tierreich". Er enthält eine erste Zusammenfassung von Versuchsergebnissen, gewonnen an Hühner- und Entenvögeln. In langen Versuchsreihen wurden einzelne Tiere eines sozialen Verbandes in ihrem Aussehen oder in ihrem Verhalten verändert. Es wurde dann beobachtet, wie die nichtveränderten Tiere auf die von der Norm abweichenden Artgenossen reagieren.
Im Unterrichtsgespräch sollte anhand des Textbogens 5 herausgearbeitet werden:

6.1. Die genannten soziallebenden Tiere reagieren auf körperlich und verhaltensbiologisch faßbare Auffälligkeiten bei Artgenossen mehr oder minder aggressiv.

6.2. Körperliche Anomalien führen dazu, daß die nichtveränderten Artgenossen primär mit Droh-, Hack- und Beißreaktionen reagieren. Eine Gewöhnung an den Außenseiter tritt hier relativ schnell ein, und zwar zumeist schon nach etwa 30 Minuten. Verhaltensauffälligkeiten, hervorgerufen durch Halsbänder oder Alkohol, bewirken bei den nichtveränderten Tieren Schreckverhalten. Sie fliehen und isolieren das von der Gruppennorm sich abweichend verhaltende Tier. Eine Gewöhnung an den verhaltensauffälligen Artgenossen setzt nur sehr langsam ein. In einigen Fällen war diese Gewöhnung überhaupt nicht zu beobachten.

6.3. Diese schreckartigen aggressiven Reaktionen, die zu den "Vorurteilen" führen, dürften den Tieren angeboren sein.

6.4. Bei vielen soziallebenden Tieren wird gruppenkonformes Verhalten "erwartet".

2. *Unterrichtseinheit*

*Thema:* **Vorurteile sind eine Geißel der Menschheit**

*Unterrichtsmedien:*

TB 6: "Beschluß der Stadtverwaltung und Spiegelzitat"
TB 7: Behinderte Kinder werden versteckt

*Zielsetzungen der Unterrichtseinheit:*

Der Schüler soll
begreifen, was Vorurteile gegenüber Behinderten und anderen Außenseitergruppen anrichten können;
erfahren, wie Eltern behinderter Kinder unter den Folgen der unmenschlichen Vorurteile leiden;
begreifen, daß die in TB 7 dargestellten, aus Verzweiflung ausgelösten Reaktionen der Eltern nur in Zusammenhang mit diesen unmenschlichen Vorurteilen verständlich sind;
sensibilisiert werden für die Aussage: "Vorurteil - Geißel der Menschheit".

*Geplanter Verlauf der Unterrichtseinheit:*

1. Besprechung von TB 6 "Beschluß der Stadtverwaltung und Spiegelzitat".
Es sollte herausgearbeitet werden:
Durch alle gesellschaftlichen Gruppen hindurch läßt sich die Neigung zum Vorurteil nachweisen. Was 1973 in Mölln geschah, könnte sich leider auch heute in vielfältiger Weise wiederholen. Auch im Jahre 1977 lehnen die meisten Menschen es ab, in ihren Wohngegenden täglich mit Schwerbehinderten zusammenzutreffen.

Aggressive Vorurteile führen dazu, daß eine Familie mit einem behinderten Kind selbst eine behinderte Familie ist. Sie leidet besonders unter ihrer sozialen Isolierung.

2. Die Verzweiflung vieler Eltern behinderter Kinder wird deutlich aus dem Text von TB 7 "Behinderte Kinder werden versteckt", der gelesen und diskutiert wird. Das auf den ersten Blick unverständliche Verhalten der Eltern sollte auch unter dem Gesichtspunkt des Schutzes für das behinderte Kind interpretiert werden.

3. Daß diese Verzweiflung als Folge von Vorurteilen eine "Geißel der Menschheit" ist, sollte deutlich gemacht werden.

*3. Unterrichtseinheit*

*Thema:* <u>Weshalb haben wir Menschen Vorurteile?</u>

*Unterrichtsmedien:*

TB 8: Verhaltensbiologische Aspekte der Entstehung von Vorurteilen
TB 9: Fremdenfurcht

*Zielsetzungen der Unterrichtseinheit:*

Der Schüler soll
begründen, weshalb aggressive Reaktionen und Vorurteile nicht ausschließlich gesellschaftlich bedingt sein können;
die monokausale, marxistische Sicht für die Entstehung von Vorurteilen kennen und kritisch beurteilen;
aufweisen, daß die allen Menschen angeborene Neigung zur aggressiven Außenseiterreaktion und zur Fremdenfurcht entscheidend als Mitursachen für die Entstehung von Vorurteilen verantwortlich sind;
einige für diese Auffassungen erarbeitete empirische Belege kennen.

*Notwendige Sachinformation für den Lehrer:*

Wie aus den Unterrichtseinheiten 1 und 2 hervorgeht, sind Vorurteile weltweit verbreitet. Der Kulturenvergleich macht wahrscheinlich, daß alle Menschen unabhängig von Erziehung und Tradition zur aggressiven Außenseiterreaktion neigen (Näheres siehe TB 8 "Verhaltensbiologische Aspekte der Entstehung von Vorurteilen").
Nach den Untersuchungen des Verhaltensforschers I. Eibl-Eibesfeldt (1975, S. 128 f., TB 9 "Fremdenfurcht") führt die ebenfalls

weltweit verbreitete Neigung zur Fremdenablehnung zu aggressiven Vorurteilen. Das
Fremde ist das Unberechenbare, das Feind-
liche, dem wir mehr oder minder hilflos
gegenüberstehen.
Vergleichbares Verhalten beobachten wir schon
bei Tieren (vgl. TB 5 "'Vorurteile' im Tierreich").
Diese Ergebnisse der vergleichenden Verhal-
tensforschung machen es wahrscheinlich, daß
bei uns Menschen eine angeborene Neigung zur
Außenseiterreaktion und zur Ablehnung des uns
Fremden wichtige Mitursachen für die Entstehung von Vorurteilen sind.


*Geplanter Verlauf der Unterrichtseinheit:*

1. Der Lehrer informiert die Schüler darüber,
daß nach Auffassung vieler Soziologen, Päda-
gogen und Psychologen Vorurteile gesellschaftlich bedingt sind. Diese Auffassung wird kritisch diskutiert. Dagegen spricht vor allem
die weltweite Verbreitung.

2. Die Schüler lernen die marxistische Auffassung über die Entstehung von Vorurteilen
kennen: Danach sind Außenseiter, wie zum Beispiel Behinderte, in der kapitalistischen
Gesellschaft nur von begrenztem Nutzen. Wegen
dieses geminderten "Marktwertes" begegnen wir
ihnen angeblich mit Vorurteilen. Von dieser
monokausalen Betrachtung sollte man sich kritisch distanzieren.

3. Der TB 8 "Verhaltensbiologische Aspekte
der Entstehung von Vorurteilen" wird bearbeitet. Es wird herausgearbeitet: Vorurteile
sind nicht ausschließlich gesellschaftlich
bedingt. Es gibt auch eine angeborene Neigung
zur Fremdenfurcht und Außenseiterreaktion.

4. Anhand des abschließend zu besprechenden TB 9 "Fremdenfurcht" wird deutlich gemacht, daß alle Menschen dazu neigen, den Fremden, also den Nichtgruppenkonformen, zu scheuen und ihm oft mit aggressiven Vorurteilen zu begegnen. Da diese Neigung kulturunabhängig ist, muß geschlossen werden, daß es sich hier ebenfalls um eine angeborene Disposition handelt.

*4. Unterrichtseinheit*

*Thema:* <u>Vorurteile sind unmenschlich und
müssen überwunden werden</u>


*Unterrichtsmedien:*

TB 10: Möglichkeiten des Abbaues von Vor-
      urteilen aus verhaltensbiologischer
      Sicht
TB 11: Befragungsergebnis


*Zielsetzungen der Unterrichtseinheit:*

Der Schüler soll
wissen, daß Vorurteile nicht ausschließlich
durch Umweltveränderungen zu beseitigen sind;
Möglichkeiten des Abbaues von Vorurteilen aus
verhaltensbiologischer Sicht kennen;
wissen, daß die uns angeborene Bereitschaft
zur Fremdenfurcht und zum aggressiven Vorurteil nicht zu beseitigen ist, sondern
ethisch überformt werden kann und muß;
begründen, weshalb Außenseiter wie Behinderte
usw. in jeder Gesellschaft immer Gefährdete
sind;
begründen, weshalb diese Gefährdung nicht
schicksalhaft hingenommen werden muß;
einsehen und erfahren, daß letztlich nur das
Ernstmachen mit dem christlichen Liebesgebot
in der Lage ist, das so oft blindmachende
Vorurteil zu besiegen.


*Geplanter Verlauf der Unterrichtseinheit:*

1. Anhand des TB 10 "Möglichkeiten des Abbaues von Vorurteilen aus verhaltensbiologischer Sicht" wird erarbeitet:

1.1. Vorurteile sind nicht ausschließlich

durch Änderung von Umweltbedingungen zu beseitigen.

1.2. Jeder einzelne muß einsehen, daß die biologische Disposition zur Außenseiteraggressivität, die zum negativen Vorurteil führt, zwar nicht zu beseitigen ist, aber auch nicht als Schicksal hingenommen werden muß.

1.3. Diese angeborene Disposition muß von jedem einzelnen ethisch überformt werden.

1.4. Jeder muß sich seiner Neigung zum Vorurteil bewußt sein und wissen, daß somit Außenseiter wie Behinderte usw. auch in Zukunft gefährdete Menschen sein werden.

2. Anschließend wird TB 11 "Befragungsergebnis" bearbeitet. Er macht diese in 1.4. herausgearbeitete Gefährdung deutlich und zeigt, daß Christen (Theologen) stärker als andere Gruppen erkennen, daß die prinzipielle Nichtbereitschaft zu Adoption eines geistigbehinderten Kindes ethisch nicht zu verantworten ist. Deshalb die 57,6 % von "eventuell"-Antworten.

3. Anschließend wird diskutiert, welche Rolle das christliche Liebesgebot bei der Überwindung des blindmachenden Vorurteils spielen kann. Es gilt: Nur Kampf gegen die Gleichgültigkeit, das Ethos der goldenen Regel[1], das für Andere-da-Sein und das radikale Ernstnehmen des christlichen Liebesgebotes bewirken, daß wir Vorurteile überwinden.

---

[1] "Was du nicht willst, daß man dir tu', das füg auch keinem anderen zu."

3.1. Textbögen zur Unterrichtsreihe I

TEXTBOGEN 1

*Die weite Fahrt - eine Passion*

Daß es traurig ist, nicht gehen zu können, und daß ich mich nie daran gewöhnen werde, das wußte ich nun schon lange. Aber daß es eine Schande ist, dieses Kreuz zu tragen, daß es eine zu verhehlende Schmach ist, die mich aus der Gemeinschaft meinesgleichen ausstößt, das erfuhr ich nun zum ersten Male. Gewiß, ich kann nicht schwimmen, ich kann nicht Schlittschuh laufen, ich kann nicht tanzen, aber Geschichte und Mathematik - diese Dinge vollziehen sich doch im Kopf, und mein Kopf ist gesund. Ja, ist er gesund? Schreckliche Kopfschmerzen suchten mich heim, gegen die Vaters Arzneien machtlos waren. Ich wurde zum zweiten Male von einer grauenhaften Krankheit geschlagen. Und die zweite Heimsuchung war noch schlimmer als die erste, weil sie die Seele befiel. Nun trug ich zwei Kreuze: das von Gott auferlegte und das von Menschen mir aufgebürdete. Letzteres war aus Stacheldraht gewunden und viel schwerer. Mein Herz war von Natur aus so geschaffen, daß ich lieben, bewundern, mich begeistern mußte. Nun aber nisteten sich in meinem Inneren Angst, Mißtrauen, Neid und Bitterkeit und Verachtung ein. Ein Dickicht lebenzerstörender Gefühle. Ich wagte nicht, die Augen zum Tageslicht zu erheben. Vor Spiegeln ergriff mich eine panische Angst. - Wie hatte Oma damals zu Vater gesagt? "Es wäre besser, wenn der liebe Gott dieses Kind zu sich genommen hätte..."
Gewiß wäre es besser, viel, viel besser! Aber der liebe Gott ist grausam, er läßt die kranken Kinder groß werden, damit die Menschen sie verhöhnen und aus ihrer Mitte ausschließen...

*(Aus: Zenta Maurina: Die weite Fahrt, Maximilian Dietrich Verlag, Memmingen 1955, S. 215 f.)*

## TEXTBOGEN 2

*Befragungsergebnis*

Auszug aus einer Befragung von 100 Lehrern allgemeinbildender Schulen über geistig behinderte Kinder, die H. von Bracken 1976 durchführte:

*Frage:*
Was glauben Sie, wenn ein Kind geistig schwerbehindert ist, muß man dann befürchten, daß auch charakterliche Mängel auftreten?

*Antwort:*

| fast immer | häufig | manchmal | selten | nie | ? |
|---|---|---|---|---|---|
| 7 | 21 | 41 | 24 | 6 | 1 |

*Frage:*
Sollten alle geistig schwerbehinderten Kinder in Anstalten zusammengefaßt werden?

*Antwort:*

| ja | nein | ? |
|---|---|---|
| 45 | 54 | 1 |

*Frage:*
Sollten diese Anstalten für schwachsinnige Kinder mehr in entlegenen, abgeschiedenen Orten (Land) oder in dichtbevölkerten Gegenden (Stadt) gebaut werden?

*Antwort:*

| Stadt | Land | Stadtrand | ? |
|---|---|---|---|
| 20 | 67 | 12 | 1 |

*Frage:*
Manche Leute denken, es wäre gut, wenn ein geistig schwerbehindertes Kind früh sterben würde. Würden Sie dieser Meinung zustimmen?

*Antwort:*

| ja | bedingt | nein |
|---|---|---|
| 20 | 53 | 27 |

*Frage:*
Sollte eine Mutter, die ihr schwachsinniges
Kind tötet, wegen Mord bestraft werden?

*Antwort:*           ja          nein          ?
                   55         42         3

*Frage:*
Glauben Sie, daß die Ansicht, die Eltern
seien schuld an dem Schwachsinn des Kindes,
noch weit verbreitet ist?

*Antwort:*

| ja sehr | ziemlich | etwas | eigentlich nicht | überhaupt nicht |
|---|---|---|---|---|
| 8 | 33 | 35 | 22 | 2 |

*(Aus: Helmut von Bracken: Vorurteile gegen
behinderte Kinder, ihre Familien und Schulen,
Verlagsbuchhandlung Carl Marhold, Berlin 1976,
S. 370 f.)*

TEXTBOGEN 3

*Aus dem Tagebuch eines mongoloiden Jungen*

Mein Vater

Ich habe einen netten Vater, er verbringt
eine Menge Zeit mit Schreiben. Er hat mir
gezeigt, wie man die großen Buchstaben auf
seiner Schreibmaschine tippt, und ich war
sehr bald so weit, daß ich eine eigene
Schreibmaschine bekommen konnte. Sobald ich
sie dann hatte, hat mir mein Vater beige-
bracht, wie man sie benützt, weil er eine
schwere Maschine hat.
Und eines Tages habe ich es gelernt, und alle
unsere Nachbarn freuten sich sehr und meine
Tanten, die in Stanmore wohnten, auch, und
sie sind auch freundlich gewesen. Mein Vater
hat auch ein Buch geschrieben, es heißt "Ex-
ploring the Occult", und es ist solch ein
Erfolg gewesen. Jetzt beanspruche ich am
besten etwas Raum, um euch noch mehr über
meine Eltern zu erzählen.
Einmal ist mein Vater zu einem Fernsehinter-
view über sein Buch gefahren. Das Interview
war in den Studios von Cardiff, ein weiter
Weg von zu Hause. Mein Vater hat eine schöne
Reise gehabt. Als ich mich an der Rayners
Lane Station von ihm verabschiedet habe, bin
ich zur Station gegangen und habe ihm Glück
gewünscht. Während mein Vater auf den Inter-
viewer gewartet hat, hat mein Vater Cliff
Richard im Fernsehen gesehen.
Mein Vater ist früher oft auf Pferden geritten, ja, eigentlich hat er drei Pferde geritten, Nummer 1 war Roger und Nummer 2 Orinda
und drittens September-Nebel. Roger hat Unfug
gemacht, wie ich auf dieser Seite erzählen
werde. Das ist die Geschichte.
Einmal ist mein Vater zu dem Stall gegangen
und hat Roger in seinem Stall gefunden. Es

war ein schöner, strahlender Tag, an dem mein
Vater ihn abgebürstet und gefüttert hat. Und
noch an diesem strahlenden Tag ist er mit ihm
hinunter zum Lloyds Court geritten, das in
der Nähe von Pinner ist.
Mein Vater hat Roger bisher auf einem Bauern-
hof auf der rechten Seite des Feldes unterge-
bracht, und dann hat er sich plötzlich ent-
schlossen, ihn in unserem Haus unterzubringen,
in der Garage, denkt nur; und einmal hat er
sich an der Vorderseite des Hauses aufgerich-
tet und hat den Rosenbusch gefressen; und
einmal hat er wieder Unfug gemacht und ist
im hinteren Garten erwischt worden, wie er
den ganzen Apfelbaum unserer Nachbarn gefressen hat.
Einmal haben wir einen Krach gehört, Roger
hat mit seinem Kopf das Küchenfenster zer-
brochen, als er nach etwas zum Essen suchte.
Er hat immer Corn-Flakes bekommen, und wie er
die gemocht hat, und das ganze Gemantsche der
schönen knusprigen Flakes ist in seinem Maul
hinuntergerutscht und iihh, war das eine
Schweinerei!
Und einmal wurde ein Plakat angeschlagen, das
für ein Pferdeschau-Sportfest Reklame machte,
und Roger ist 10. geworden, und ratet, wer
dort war, ja, Frau Campbell von den Break-
spear-Ställen, und ich bin oft mit ihr geritten. Meine Mutter hat mir ein Eis gekauft,
und Roger ist herangekommen, als ob er Hunger
gehabt hätte, und während ich in meinem Kin-
derwagen geschleckt habe, als ich klein war.
Er hat mir mein Eis weggeschleckt.
Einmal bin ich aufs Land mitgenommen worden,
und irgendwer hat mich gefragt: "Möchtest
du gern reiten?", und der Name des Pferdes
war Holly, und es war das beste Pferd, und
mein Vater hat ein Bild von mir auf diesem
Pferd gemacht.
Einmal haben wir Roger auf ein Feld in Nower
Hill gebracht, und ich habe ihm oft Futter
hinübergebracht, er hat oft die Abfälle

bekommen, die vom Gemüse für unser Essen übrig waren, und er hat sie immer gern gefressen.
Mein Vater war auch schon fort von Großbritannien. Er war in vielen Orten wie Korea, Japan (Matsuyama), Berlin und Hongkong und natürlich New York City, wovon ich ein Buch habe. Mein Vater ist ganz oben auf dem Empire State Building gewesen, so weit oben wie es geht; kein Wunder, daß sein Kopf nicht schwindelfrei ist.
Er ist auch auf dem Broadway gewesen, der sich eine lange Strecke zum Time-Square hinzieht, und er ist am Grand Canyon gewesen, der hinter den Rockies liegt. Er ist auch zu den Studios in Hollywood, Los Angeles, gefahren und hat einen Mann besucht, den mein Vater kennt; zu ihm paßt folgende Beschreibung: steifer Filzhut, Bürstenbart, Landstreicher-Kleidung, Spazierstock und lockiges Haar, ja es ist dieser liebenswerte Clown, der große Charlie Chaplin, der die ganze weite Welt zum Lachen bringt.
Mein Vater geht jetzt als Rektor der Atholl-Schule in Pension, er ist eine sehr lange Zeit Rektor gewesen. Er gibt immer noch mindestens zwei oder drei Stunden am Tage, weil er sich müde und alt fühlt, und jetzt muß er's zugeben mit 66 Jahren. Nun, ich mag ihn trotzdem noch. Mein Vater hat die Buben in seiner Schule gern, und er ist stolz auf sein Schulabzeichen, und die Eltern halten ihn für einen guten Lehrer.

*(Aus: Die Welt des Nigel Hunt. Tagebuch eines mongoloiden Jungen, Ernst Reinhardt Verlag, München-Basel $^2$1976, S. 59-62)*

## TEXTBOGEN 4

*Vorurteile sind weltweit verbreitet*

Sie erwähnten, daß Vorurteile praktisch überall auf der Welt zu finden sind. Können Sie diese Behauptung belegen?
"In Europa ist die Lage der Gastarbeiter vor allem in Deutschland, Frankreich, Österreich und der Schweiz oftmals ganz erbärmlich. Sie werden unterbezahlt, leben oft unter menschenunwürdigen Bedingungen und stoßen bei der Bevölkerung auf Ablehnung und Mißtrauen...
Antisemitismus scheint weiter ein Problem nicht nur in Deutschland und in Österreich zu sein, sondern auch in vielen anderen europäischen Ländern, in den Vereinigten Staaten wie im Nahen Osten, wo der israelische Staat eine gefährliche arabische Reaktion hervorgerufen hat. Gleichzeitig gibt es Vorurteile auf seiten der Israelis gegen die Araber, die oft als wenig intelligent und unterlegen angesehen werden. Weiter diskriminieren die europäischen Juden diejenigen, die eine dunkle Hautfarbe haben, vor allem die Juden aus dem Jemen.
In den Vereinigten Staaten besteht das Rassenproblem weiter, von ihm sind hauptsächlich Schwarze, Indianer, Mexikaner und Puertoricaner betroffen. In Teilen Südamerikas sind die Indianer schon beinahe ausgerottet...
Vorurteile sind ebenso wirksam in einem marxistischen Land wie Jugoslawien, wo die Feindschaft zwischen Serben und Kroaten weiterbesteht, wie in einem neutralen Land wie Österreich, wo die Slowenen nicht gleichberechtigt sind. Das gleiche finden wir in einer traditionell demokratischen Nation wie Neuseeland, wo die Maoris ungerecht behandelt werden, ebenso wie in einer rein faschistischen Diktatur wie in Paraguay, wo die eingeborenen Indianer mit einem grausamen Schicksal konfrontiert sind.

Nehmen Sie z.B. das Schicksal der amerikanischen Indianer:
Hunderte von Verträgen wurden abgeschlossen, um ihre Rechte zu sichern, schließlich mußten Tausende in Reservaten leben und waren zu einer menschenwürdigen Existenz nicht mehr fähig. Das Leben dort war so entmutigend, daß die Selbstmordziffer bei den Indianern doppelt so hoch lag wie bei den weißen Amerikanern. Die größte Beleidigung war, daß zahllose Filme sie als Aggressoren zeigten, wo sie doch in Wirklichkeit Opfer unzähliger gebrochener Verträge und organisierter Massenmorde waren, von denen weder Frauen noch Kinder verschont blieben. Die üblichen stereotypen Redewendungen über Indianer sind: Sie sind faul, sie sind schlampig, sie sind Wilde."

*(Aus: Frederick Mayer: Vorurteil - Geißel der Menschheit, Verlag Herder, Wien 1975, S. 44-47)*

TEXTBOGEN 5

*"Vorurteile"* im Tierreich

| | Versuchsreihe I | |
|---|---|---|
| | Körperliche Anomalien | |
| Versuchstiere | Reaktionen nicht veränderter Tiere auf Artgenossen mit farblicher Abweichung an Kopf und Schnabel: | Gewöhnung an den von der Norm abweichenden Artgenossen: |
| Hühner und Hühnerküken | n = 52 teilweise sehr heftige Hackreaktionen; vereinzelt Schreckverhalten | schnell (nach etwa 30 Min.) |
| Hausenten und Entenküken | n = 20 drohen; beißen | schnell (nach etwa 30 Min.) |
| Brautenten | n = 37 drohen; beißen; teilweise Isolation | schnell (etwa 30 Minuten) |
| Mandarinenten | n = 10 drohen; beißen; teilweise Isolation | schnell (nach etwa 30 Min.) |

n = Anzahl der Versuchsreihen

| Versuchsreihe II | | |
|---|---|---|
| Verhaltensauffälligkeiten | | |
| Versuchs- tiere | Reaktionen nicht veränderter Tiere auf Artgenossen, der sich auffällig verhält: | Gewöhnung an den von der Norm abweichenden Artgenossen: |
| Hühner und Hühnerküken | n = 20 Schreckreaktionen, Isolation des Außenseiters, Flucht | nur sehr langsam, beginnt frühestens nach Stunden |
| Hausenten und Entenküken | n = 20 primär Isolation | langsam |
| Brautenten | n = 27 Schreckreaktion, Isolation des Außenseiters | nicht zu beobachten |
| Mandarinenten | n = 34 Schreckreaktionen, Isolation | z. Zt. noch nicht zu beantworten |

Außenseiteraggressivität bei Hühner- und Entenvögeln. n = Anzahl der Versuchsreihen

(Aus: Gerd-Heinrich Neumann: Vorurteile und Negativeinstellungen Behinderten gegenüber - Entstehung und Möglichkeiten des Abbaues aus der Sicht der Verhaltensbiologie, in: Rehabilitation Bd. 16, 1977, S. 101-106)

TEXTBOGEN 6

*"Beschluß der Stadtverwaltung und
Spiegelzitat"*

"Die Stadtverwaltung von Mölln, bestehend aus
14 Abgeordneten der CDU und 13 der SPD, hat
in einer Sondersitzung mit großer Mehrheit
beschlossen, daß der katholische Don-Bosco-
Verein in einer Villa am Falkenweg kein Heim
für 25 schwerstbehinderte Kinder einrichten
darf. Mit dem Beschluß, daß Mölln nicht
'Klein-Bethel' werden soll, wurde die Haltung
des Magistrats unter Bürgermeister Walter
Lutz untermauert."

*(Aus: Frankfurter Rundschau, 10. Dezember
1973)*


"Eine Familie mit einem behinderten Kind ist
selbst eine behinderte Familie."

*(Aus einem Leserbrief an die Spiegel-
redaktion)*

## TEXTBOGEN 7

*Behinderte Kinder werden versteckt*

Zahlreiche Kinder werden versteckt, in Kuhställen, oder in irgendeinem Zimmer separiert. Es gibt Kleinkinder, die seit Jahren ins Bett gefesselt werden. Die Dunkelziffer ist nicht bekannt, wird jedoch auf 50 % geschätzt. Etwas anderes ist es, daß behinderte Kinder (meist unbewußt) indirekt versteckt werden, um sie dem Blick der Umgebung zu entziehen.
Ein Fallbeispiel eines zwar den Behörden bekannten, jedoch dennoch separierten Mädchens: Monika G., 21 Jahre, hat seit 10 Jahren Polio. Sie wohnt in einer Kleinstadt. Ihr Bereich ist ein Zimmer. Die Nachbarn kennt sie vom Hörensagen, obgleich man seit zwanzig Jahren in der Gasse wohnt. Die Tage laufen stereotyp ab: Morgens bleibt sie liegen, bis jemand Zeit hat, sie anzuziehen. Dann wartet sie, bis mittags das Essen kommt, nachmittags das Fernsehen beginnt. Wochentage kann sie nicht von Sonntagen unterscheiden, denn Zeitschriften gibt es - wenn überhaupt - verspätet. Seit zehn Jahren war sie in keinem Kaufhaus, nicht im Hallenbad, im Kino; Illustrierten und Groschenromane, wo der Arzt die Gelähmte heiratet, ersetzen die Wirklichkeit. Peter Alexanders Schlager ebenso. Sein Foto wird vorm Zubettgebrachtwerden geküßt.
Dennoch ist die 21jährige nicht infantil, sie ist nur systematisch unmündig gemacht worden. Im Innersten denkt sie anders (als sie einmal zusammenbricht, phantasiert sie davon), doch infolge ihrer Pflegeabhängigkeit gibt es keine Möglichkeit, aus dem "Kindspielen" auszubrechen. Als zum Beispiel ihr Rollstuhl repariert werden muß, geschieht dies monatelang nicht, um sie zusätzlich zu immobilisieren. Sie muß den ganzen Tag auf jenem Stuhl

verharren, auf den sie gesetzt wurde. Das
Mädchen, das im ersten Stock wohnt, hat ein
einziges Mal die elterliche Gastwirtschaft
von der Küche aus durch die Zureiche sehen
dürfen. Wird sie zur Massage abgeholt, dann
wird sie nur dann durch die Gastwirtschaft
transportiert, wenn geschlossen ist, also
keine Gäste vorhanden sind. Sonst geht der
Transport über die Hintertreppe...
Über eine andere Form, das Kind zu verstecken,
das heißt, die Behinderung, die Selbstwert-
minderung zu verdrängen, berichten Schmitz
und Menara am Beispiel von Dysmelie-Kindern:
Die gliedmaßenfehlgebildeten Kinder entwik-
keln funktionsmäßige motorische Kompensationstechniken. Fehlen Arme, greifen sie mit
den Füßen, statt zu kriechen, rutschen die
Kinder in Sitzstellung usw.: "Viele Eltern
schreckten leider vor dem ungewohnten Anblick
der Kompensationstechniken zurück. Sie zogen
es vor, das Kind nach außen hin als normales
erscheinen zu lassen, z.B. verhinderten viele
das freie Spiel mit den Füßen, indem sie den
Kindern Schuhe und Strümpfe anzogen, oder sie
verdeckten die Armstümpfe, so daß die Kinder
in der Entwicklung der Feinmotorik behindert
wurden. Hierbei handelt es sich nicht selten
um Eltern, die sich mit der Tatsache der
Behinderung auch nach Jahren noch nicht hat-
ten völlig abfinden können." Bei geistig
behinderten Kindern wird der Grad der Behinderung oft damit vertuscht, daß sie ein jün-
geres Alter angeben, um die verzögerte
Entwicklung zu vertuschen. Kein Wunder
allerdings, wenn man eine Mutter hört: "Man
hat mich aufs Gesundheitsamt gehetzt, die
Lotti sei gemeingefährlich. Sie wissen nicht,
wie das war, wenn die Hauswirtin sich vor uns
aufbaute und schrie: Der Anblick von dem
Idiot regt mich auf!"
*(Aus: Ernst Klee: Behinderten-Report, Fischer
Taschenbuch 1418, Fischer Taschenbuch Verlag,
Frankfurt $^5$1976, S. 138-140)*

# TEXTBOGEN 8

*Verhaltensbiologische Aspekte der Entstehung von Vorurteilen*

*Ergebnisse der Humanethologie*
Vorurteile Außenseitern gegenüber lassen sich in allen menschlichen Kulturen nachweisen. Nach Eibl-Eibesfeldt erwarten wir Menschen vom Mitmenschen "normgerechtes Verhalten, Abweichen befremdet".
Universell sind gruppenkonforme Erwartungshaltungen auch bei Kindern. Altersgenossen, die stottern oder sich auffällig verhalten, werden vielfach gehänselt und ausgelacht.
Das "Hänseln" ist ein wichtiges Mittel der sozialen Kontrolle. Auch in der Buschmann-Gesellschaft neckt die Gesellschaft denjenigen, der sich danebenbenimmt. Auf diese Weise erzwingt man die Angleichung an die Gruppennorm (nach Sbresny).
Eibl-Eibesfeldt konnte bei der Jäger- und Sammlerkultur der iko-Buschleute in der Kalahari typische Außenseiterreaktionen bei Kindern und Erwachsenen mit entsprechenden Vorurteilen nachweisen. Schlosser (1952) berichtet, daß körperliche Anomalien bei verschiedenen Kulturvölkern gehäuft zur sozialen Ausstoßung führen. Daß in unserem Kulturkreis - bedingt durch Vorurteile - ebenfalls die Neigung besteht, Behinderte zu isolieren, ist bekannt. Tinnefeldt (1976) konnte wahrscheinlich machen, daß diese Neigung unabhängig von sozialer Gruppenzugehörigkeit besteht.
Sie untersuchte "Einstellungen von Bevölkerungsgruppen unterschiedlicher sozialer und weltanschaulicher Herkunft gegenüber geistig behinderten Kindern". Befragt wurden 68 Studenten, 59 Lehrer, 41 Hausfrauen, 33 Theologen, 36 Ärzte und 103 sonstige Personen.

Fast mit gleicher Eindeutigkeit
1. wünschten die Befragten aller fünf Gruppen in räumlicher Distanz zu Heimen für Geistigbehinderte zu leben,
2. lehnten die meisten echte Kontakte zwischen geistigbehinderten und eigenen gesunden Kindern ab,
3. waren in allen fünf Gruppen nur jeweils 8 % bereit, ein geistigbehindertes Kind zu adoptieren.
Wegen der geringen Zahl der befragten Personen darf dieses Ergebnis aber nicht überinterpretiert werden. Weitere Befragungen sind notwendig.
Betrachtet man die Ergebnisse der Tier- und Humanethologie zusammenfassend, so läßt sich sehr wahrscheinlich machen, daß auch beim Menschen die Bereitschaft zur Außenseiterreaktion mit ihren vorgegebenen Vorurteilen angeboren sein dürfte. Ausschließlich auf "gesellschaftlich vermittelte Dispositionen" lassen sich Vorurteile nicht zurückführen.
Es gibt in uns die biologische Disposition, mit aggressiver Außenseiterreaktion, die häufig zu Vorurteilen führt, auf den von der Norm abweichenden Mitmenschen - und dazu gehört auch der Behinderte - vor allem aggressiv zu reagieren.

*(Aus: Gerd-Heinrich Neumann: Vorurteile und Negativeinstellungen Behinderten gegenüber - Entstehung und Möglichkeiten des Abbaues aus der Sicht der Verhaltensbiologie, in: Rehabilitation Bd. 16, 1977, S. 101-106)*

## TEXTBOGEN 9

*Fremdenfurcht*

Mit acht bis zehn Monaten beginnen Buschmannbabys Fremdenfurcht zu zeigen. Nähert sich ihnen ein Fremder, dann wenden sie sich ab und klammern sich schutzsuchend an ihre Bezugsperson, den Kopf an deren Körper bergend. Oft weinen sie. Mit zunehmendem Alter ändert sich die Reaktion. Die Kinder fliehen nicht nur, sie wehren den Fremden auch aktiv ab, indem sie z.B. nach ihm schlagen. Ich habe die Fremdenablehnung durch das Kleinkind auch in vielen anderen Kulturen beobachtet. Es handelt sich um eine elementare, wohl angeborene Verhaltensweise des Menschen. Diese Annahme konnte ich durch Beobachtungen an taubblind Geborenen erhärten. Bei diesen Kindern entwickelt sich die Fremdenablehnung, obgleich die Kinder nie schlechte Erfahrungen mit Fremden sammeln.

*(Aus: Irenäus Eibl-Eibesfeldt: Der vorprogrammierte Mensch, Verlag Fritz Molden, Wien-München 1973, S. 115 f.)*


Im Streit um die Natur des Menschen wird immer wieder angeführt, daß der Mensch in seinem ursprünglichen Zustand friedlich und unaggressiv gewesen sei. Ein Teil dieser Aussage, soweit sie das territoriale Verhalten der Buschleute betrifft, konnten wir als Mythos entlarven. Buschleute führten in früheren Zeiten sogar Kriege. Und sie zeigen sich heute noch Fremden gegenüber reserviert, die Kinder sogar ausgesprochen ängstlich, was auf einer angeborenen Disposition beruht, denn Fremdenfurcht und Fremdenablehnung entwickeln sich zunächst, ohne daß es dazu schlechter Erfahrung mit Fremden bedürfte, ganz so wie bei uns. Auch unsere Säuglinge beginnen im Alter von 6 bis 8 Monaten zu "fremdeln", das heißt, sie wenden sich mit deutlichen Anzeichen von Furcht vor Fremden ab.

*(Aus: Irenäus Eibl-Eibesfeldt: Menschenforschung auf neuen Wegen, Verlag Fritz Molden, Wien-München 1976, S. 44)*

## TEXTBOGEN 10

*Möglichkeiten des Abbaues von Vorurteilen aus verhaltensbiologischer Sicht*

Aus verhaltensbiologischer Sicht ist die Entstehung von Vorurteilen Behinderten gegenüber dadurch mitverursacht, daß die biologischen Voranpassungen zur Außenseiterreaktion und zur Ablehnung des und Furcht vor dem Fremden in uns Menschen vorhanden ist. Ein Abbau dieser unerwünschten, weitgehend inhumanen Vorurteile ist nur möglich, wenn wir die Tatsache ernst nehmen, daß biologische Dispositionen und nicht ausschließlich gesellschaftliche Bedingtheiten die Entstehung von Vorurteilen überhaupt erst möglich machen.

*Einsichtig machen, daß beim Menschen als Kulturwesen die angeborene Disposition zur Außenseiterreaktion nicht adaptiert ist.*
Nach Meinung der Verhaltensforscher hat beim Tier die aggressive Außenseiterreaktion die Funktion, von der Norm abweichende Artgenossen entweder endgültig zu isolieren oder wieder an die Norm anzupassen. Ein an Kinderlähmung erkrankter Schimpanse wurde aus der Gruppe ausgestoßen. Die gefährliche Infektion konnte sich danach kaum ausbreiten. Beim Menschen hat diese ursprüngliche Funktion im Augenblick - so scheint es - keine aktuell nennenswerte Bedeutung mehr. Eibl-Eibesfeldt weist beispielsweise immer wieder daraufhin, daß der Mensch nicht wie der Schimpanse Naturwesen, sondern von Natur aus Kulturwesen ist. Unsere biologisch vorgegebene Neigung zur Außenseiteraggressivität und Fremdenfurcht, die beide oft zu Vorurteilen auch Behinderten gegenüber führen, ist für uns als Kulturwesen nicht mehr adaptiert, also nicht mehr angepaßt. Außenseiter sind ja nicht nur die Behinderten. Auch viele bedeutende

Wissenschaftler, Künstler, Philosophen oder
Theologen, die entscheidend unsere Kultur
geformt haben, waren Außenseiter. Auch ihnen
begegnete man häufig mit Spott, Ironie oder
aggressiver Verachtung. Auch hier wurde der
Versuch unternommen, sie zu isolieren, obgleich sie als wichtige Kulturträger für den
Menschen als Kulturwesen von besonderer Bedeutung waren bzw. sind. So schleppen wir mit
der angeborenen Disposition zum aggressiven
Vorurteil Außenseitern gegenüber ein stammes-
geschichtliches Erbe in uns, das wir nicht
beseitigen können, das aber nicht mehr ange-
messen seine ursprüngliche Funktion erfüllen
kann, also auch biologisch gesehen nicht
immer mehr zweckmäßig ist, ja das für den
Menschen als Kulturträger auch in vielen
Fällen gefährlich und soziales Verhalten ver-
giftend inhuman sein kann.
Wir können diese heute nicht mehr voll adap-
tierte Disposition nicht beseitigen, aber wir
können und müssen sie kulturell überformen
und ethisch bewältigen. Die Empfindungen, die
ich einem Schwerbehinderten gegenüber impul-
siv haben werde, kann ich nur begrenzt beeinflussen. Beeinflussen kann und muß ich aber
durchaus das, was ich mit diesen meinen
Empfindungen mache. Hier werden sich die einzelnen Menschen voneinander unterscheiden. Es
muß Aufgabe der Erziehung sein, diese Zusammenhänge dem Menschen bewußt zu machen. Wir
werden auch in Zukunft davon auszugehen haben,
daß wir dazu neigen, Behinderte und andere
Randgruppen als Außenseiter zu betrachten und
ihnen mit Vorurteilen zu begegnen. Die Ein-
sicht aber, daß diese unsere Negativeinstellung zu Außenseitern auch ein stammesge-
schichtliches Erbe in uns ist, für das wir
als Kulturwesen nicht mehr voll adaptiert
sind, ist entscheidend dafür, wie wir mit
unseren angeborenen Reaktionen besser fertig
werden. Negative Vorurteile sind nicht schicksalhaft hinzunehmen. Wir können und müssen

sie beeinflussen, abbauen, durch konstante Selbstkritik und Zusammenarbeit verwandeln.

*(Aus: Gerd-Heinrich Neumann: Vorurteile und Negativeinstellungen Behinderten gegenüber - Entstehung und Möglichkeiten des Abbaues aus der Sicht der Verhaltensbiologie, in: Rehabilitation Bd. 16, 1977, S. 101-106)*

TEXTBOGEN 11

*Befragungsergebnis*

Würden Sie unter Umständen auch ein geistig behindertes Kind adoptieren?

ja
eventuell
nein

| | Schüler, Studenten | Lehrer | Haus- frauen | kirchl. Berufe | Ärzte, Kranken- schwestern | sonstige Befragungs- personen |
|---|---|---|---|---|---|---|
| | (N = 68) % | (N = 59) % | (N = 41) % | (N = 33) % | (N = 36) % | (N = 103) % |
| ja | 8,8 | 3,4 | 7,3 | 6,0 | 13,9 | 3,9 |
| evtl. | 36,8 | 39,0 | 29,3 | 57,6 | 33,3 | 23,3 |
| nein | 54,4 | 57,6 | 63,4 | 36,4 | 52,8 | 72,8 |

*Adoption eines geistig behinderten Kindes*

N = Anzahl der befragten Personen

"Zu der Bereitschaft, auch ein geistig behindertes Kind zu adoptieren, wurden folgende Ergebnisse erbracht:
8,8 % der befragten Schüler und Studenten, 3,4 % der Lehrer, 7,3 % der Hausfrauen, 6 % Angehörige kirchlicher Berufe, 13,9 % der Ärzte und Krankenschwestern und 3,9 % der sonstigen Befragungspersonen gaben an, auch ein geistig behindertes Kind zu adoptieren."

*(Aus: U. Tinnefeld: Untersuchungen zu Einstellungen von Bevölkerungsgruppen unterschiedlicher sozialer und weltanschaulicher Herkunft gegenüber lern- und geistig behinderten Kindern, Staatsarbeit, Münster 1976, unveröffentlicht)*

4. Unterrichtsreihe II:

   Regulation der menschlichen Fortpflanzung

*Inhalt*

Die Unterrichtsreihe "Regulation der menschlichen Fortpflanzung" besteht aus folgenden drei Unterrichtseinheiten:

1. UE: Wann beginnt menschliches Leben?
2. UE: Die Regulation der menschlichen Fortpflanzung
3. UE: Nidationshemmer verhindern nicht die Befruchtung

In der 1. Unterrichtseinheit "Wann beginnt menschliches Leben?" soll der Schüler einsehen, daß diese Frage von den Naturwissenschaften her nicht beantwortet werden kann. Biologisch sicher ist, daß nur die Befruchtung und nicht die Nidation der entscheidende, neuschaffende Einschnitt ist. Die Meinung einiger Theologen, die zwischen nichtindividualisiertem (bis zur Nidation) und individualisiertem (ab Nidation) menschlichen Leben unterscheiden und daraus Schlußfolgerungen von großer Tragweite ziehen, wird kritisiert.
Thema der 2. Unterrichtseinheit ist die "Regulation der menschlichen Fortpflanzung". Ausgehend von der Tatsache, daß in Biologiebüchern und im herkömmlichen Biologieunterricht im allgemeinen eine unbefriedigende Darstellung des vorliegenden Sachverhaltes gegeben wird, lernen die Schüler zunächst die befruchtungshemmenden Methoden von denen, die die Nidation hemmen, unterscheiden.
Ohne diese begriffliche Exaktheit läßt sich nicht verstehen, weshalb die Kirche ethisch Nidationshemmer ganz anders bewertet als Befruchtungshemmer. Mit dieser ethischen Relevanz beschäftigt sich die 3. Unterrichtseinheit "Nidationshemmer verhindern nicht die Befruchtung".

*1. Unterrichtseinheit*

*Thema:* **Wann beginnt menschliches Leben?**

*Didaktisch-methodische Vorbemerkungen:*

Die vorliegende Unterrichtsreihe läßt sich nur dann sinnvoll behandeln, wenn den Schülern die im Testbogen "Biologische Grundbegriffe" aufgeführten naturwissenschaftlichen Begriffe aus dem Biologieunterricht bekannt sind.
Ohne dieses "Basiswissen" kann ernsthaft weder über den "Beginn des menschlichen Lebens" noch über "Fortpflanzungsregulation" diskutiert werden.
Der Religionslehrer weiß im allgemeinen nicht, ob die Schüler, mit denen diese Unterrichtsreihe durchgesprochen werden soll, überhaupt das erforderliche Grundwissen haben.
Im Biologieunterricht der Sekundarstufe I ist zwar laut Unterrichtsempfehlungen die Embryonalentwicklung des Menschen zu behandeln; doch inwieweit tatsächlich darauf eingegangen wird, läßt sich nur schwer abschätzen. Nach unseren Erfahrungen mit Biologiestudenten muß bezweifelt werden, daß im herkömmlichen Biologieunterricht ausführlich diese Thematik besprochen wird.
So ist es unerläßlich, daß der Religionslehrer zu Beginn der ersten Unterrichtseinheit den Testbogen "Biologische Grundbegriffe" an seine Schüler austeilt und diesen ausfüllen läßt. Erst nach der Auswertung kann entschieden werden, ob mit der Unterrichtseinheit "Die Regulation der menschlichen Fortpflanzung" sofort begonnen werden kann. Falls das Grundwissen fehlt oder unzureichend ist, sollte es den Schülern zunächst vermittelt werden. Hier ist eine Kooperation mit dem Biologielehrer wünschenswert.

*Zum Testbogen:*

Auf S. 72 f. ist der Testbogen abgedruckt. Methodisch günstig ist es, die Aufgaben auf DIN A 4-Papier zu übernehmen und die Schüler aufzufordern, ihre Antworten in die Leerstellen zu schreiben.

*Erläuterungen zum Testbogen*

Die folgenden Erläuterungen sind bewußt ausführlich gehalten. Der Religionslehrer kann sich so die für ihn nötigen biologischen Informationen zum vorliegenden Thema aneignen (*Kursivdruck:* richtige Antworten in Kurzform).

*Keimzellen:*

*haploide Zellen, die der geschlechtlichen Fortpflanzung dienen.*

Die menschlichen Keimzellen, Eier und Spermien, haben jeweils 23 Chromosomen. Die weibliche Keimzelle, das Ei, besitzt ein X-Geschlechtschromosom und 22 Nichtgeschlechtschromosomen, die sogenannten Autosomen. Die Spermien sind ebenfalls mit diesen 22 Autosomen ausgestattet, tragen aber jeweils außerdem noch ein X bzw. ein Y als Geschlechtschromosom (vgl. Abb. 1: Schema menschlicher Keimzellen).

*Körperzellen:*

*diploide Zellen, die dem Aufbau des Körpers dienen.*

Aus Abb. 2 ist die Chromosomenausstattung menschlicher Körperzellen ersichtlich. Im Gegensatz zu den Keimzellen enthalten die Körperzellen nicht 23, sondern 2 x 23 Chromosomen. Weibliche Körperzellen besitzen prinzipiell 44 Autosomen und 2 X-Chromosomen, männliche ebenfalls 44 Autosomen, dazu aber jeweils ein X- und ein Y-Chromosom.

Abbildung 1

**Schema menschlicher Keimzellen**

Ei (weibliche Keimzelle) mit Autosomen und einem x-Chromosom. Von den 22 Autosomen sind nur 3 eingezeichnet.

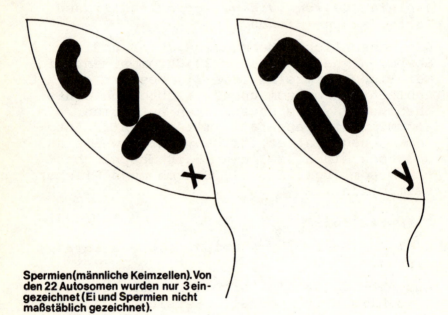

Spermien (männliche Keimzellen). Von den 22 Autosomen wurden nur 3 eingezeichnet (Ei und Spermien nicht maßstäblich gezeichnet).

(Aus: Gerd-Heinrich Neumann: Unterrichtseinheiten für das Fach Biologie in der Sekundarstufe I, Reihe: uh 1, Verlag Butzon & Bercker, Kevelaer 1976, S. 158)

*Abbildung 2*

**Schema menschlicher Körperzellen**

Schema homologer Autosomen

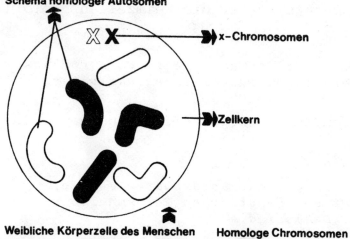

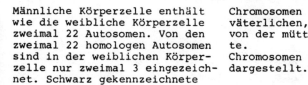

Männliche Körperzelle enthält wie die weibliche Körperzelle zweimal 22 Autosomen. Von den zweimal 22 homologen Autosomen sind in der weiblichen Körperzelle nur zweimal 3 eingezeichnet. Schwarz gekennzeichnete Chromosomen stammen von der väterlichen, weiß gezeichnete von der mütterlichen Seite.
Chromosomen stark vereinfacht dargestellt.

(Aus: *Gerd-Heinrich Neumann: Unterrichtseinheiten für das Fach Biologie in der Sekundarstufe I, Reihe: uh 1, Verlag Butzon & Bercker, Kevelaer 1976, S. 157)*

*haploid:*

*Chromosomensatz ist einfach im Zellkern vorhanden.*

Beim Menschen sind nur die Keimzellen haploid.

*diploid:*

*Chromosomensatz ist doppelt im Kern vorhanden; je einer von mütterlicher und väterlicher Seite.*

Alle menschlichen Körperzellen sind diploid.

*Chromosomen:*

*Stäbchenförmige, gut anfärbbare Gebilde, die Träger der genetischen Information (DNS bzw. DNA) sind.*

Zu unterscheiden ist zwischen Nichtgeschlechtschromosomen bzw. Autosomen und Geschlechtschromosomen, den Gonosomen. Beim Menschen besitzt – von den funktionsfähigen roten Blutkörperchen abgesehen – jede Körperzelle einen diploiden Chromosomensatz.
Chromosomensatz der weiblichen Körperzelle:
46, XX
Chromosomensatz der männlichen Körperzelle:
46, XY
In diesen Formeln ist entsprechend internationaler Nomenklatur zunächst die Gesamtanzahl der Chromosomen angegeben (also Autosomen und Gonosomen) und nach dem Komma die Konstitution der Geschlechtschromosomen.

*Befruchtung:*

*Verschmelzung von Ei und Spermium unter Beibehaltung der Individualität der Chromosomen.*

Da die Geschlechtsbestimmung beim Menschen genetisch fixiert ist, gibt es hier zwei Möglichkeiten der Befruchtung (vgl. Abb. 3). Die nach der Befruchtung entstandene befruch-

Abbildung 3

## Schema der Befruchtung beim Menschen

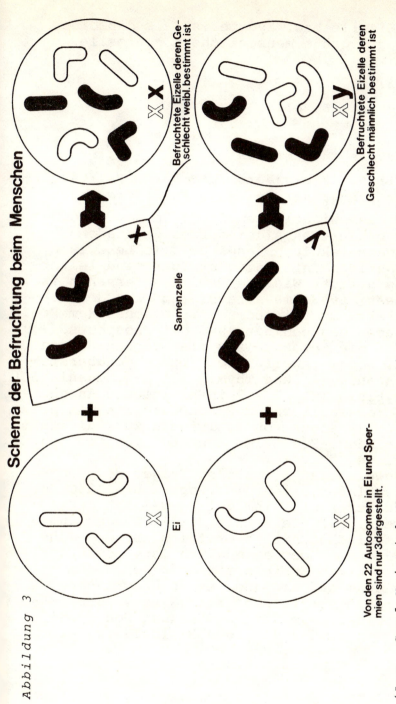

Ei

Samenzelle

Befruchtete Eizelle deren Geschlecht weibl. bestimmt ist

Befruchtete Eizelle deren Geschlecht männlich bestimmt ist

**Von den 22 Autosomen in Ei und Spermien sind nur 3 dargestellt.**

(Aus: Gerd-Heinrich Neumann: Unterrichtseinheiten für das Fach Biologie in der Sekundarstufe I, Reihe: uh 1, Verlag Butzon & Bercker, Kevelaer 1976, S. 159)

tete Eizelle bzw. Zygote ist als diploide
Zelle die erste menschliche Körperzelle.

*Zygote:*

*Befruchtete Eizelle.*

*Genetische Information:*

*Desoxiribonukleinsäure (DNS bzw. DNA); stofflicher Träger der gesamten Erbinformation.*

Bei diesem wichtigsten Stoff in den Chromosomen handelt es sich um riesige, fadenförmige Moleküle. Diese für alle Lebewesen so wichtigen Informationsträger sind leiterförmig gebaut. Wie aus Abb. 4 zu ersehen ist, bestehen die Holme alternierend aus dem Zukkermolekül Desoxiribose (Z), welches dem Stoff den Namen gegeben hat, und der Phosphorsäure (P), die Sprossen aus vier verschiedenen Basen, wobei jeweils zwei sich gegenüberstehen: Adenin (A) und Thymin (T) bzw. Guanin (G) und Cytosin (C). Die Reihenfolge und Anzahl der sprossenbildenden Basenpaare ist von Art zu Art, ja sogar von Individuum zu Individuum verschieden. Sie stimmt nur bei identischen Mehrlingen überein.
Den Beweis, daß Kernsäuren Träger der genetischen Information sind, erbrachte 1940 der Amerikaner Avery. Ihm gelang nämlich der Nachweis, daß die sensationelle Entdeckung des englischen Arztes Griffith aus dem Jahre 1928, nach der es möglich ist, zumindest bei Bakterien Erbinformationen von einem Individuum auf ein anderes zu übertragen, durch eine spezifische Kernsäure verursacht wird. Diese Form der Übertragung von Genen nennt man in der heutigen Biologie Transformation.

Abbildung 4

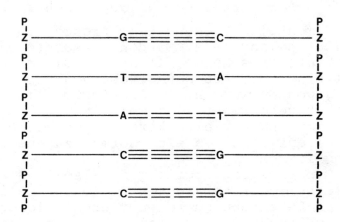

Modell des Kernsäuremoleküls DNS (Ausschnitt). Die Holme bestehen alternierend aus Zucker (Z) und Phosphorsäure (P), die Sprossen entweder aus dem Basenpaar Guanin (G) und Cytosin (C) bzw. Adenin (A) und Thymin (T).

*Geschlechtliche Vermehrung:*
*Vermehrung über haploide Keimzellen.*

*Ungeschlechtliche Vermehrung:*
*Vermehrung über diploide Körperzellen.*

Ungeschlechtliche Vermehrung ist im Pflanzenreich weit verbreitet (TB 2a, S. 99), findet sich bei vielen Tierarten und beim Menschen bei der Mehrlingsbildung (TB 2b, S. 100) und läßt sich experimentell durch Klonung (TB 2c, S. 101) hervorrufen.
In jedem Fall besitzen alle durch ungeschlechtliche Vermehrung entstandenen Lebewesen identische genetische Information.

*Klonung:*

*Vermehrung auf ungeschlechtliche Weise. Die ungeschlechtlich entstandenen Nachkommen, die genetisch gleich sind, bilden einen Klon.*

Experimentelle Klonung beim Frosch (TB 2c, S. 101) gelang 1952. Gurdon entkernte unbefruchtete Froscheier, in die er diploide Zellkerne, die aus Darmgewebe von Froschlarven gewonnen wurden, implantierte. Die auf diese ungeschlechtliche Weise mit einem diploiden Körperzellenkern ausgestatteten Zellen entwickelten sich normal zu ausgewachsenen Tieren.
Dem Experimentator gelang es also, aus ungeschlechtlich entstandenen diploiden Zellen ein ganzes Lebewesen zu regenerieren. Biologisch gesehen geschah in diesem Experiment das gleiche, was bei der identischen Mehrlingsbildung oder beim Entstehen eines Ausläufers bei der Erdbeerpflanze geschieht.
Durch das hier geschilderte Experiment ist es im Prinzip möglich geworden, beliebig viele, genetisch identische Lebewesen asexuell zu erzeugen.
Die Bedeutung dieser gewollten Klonbildung ist bis heute noch gar nicht abzuschätzen. Welche neuen Möglichkeiten ergeben sich dadurch allein für die Tier- und Pflanzenzucht! Praktisch "unsterblich" würden besonders einmalige Prachtexemplare in der Züchtung. Immer wieder könnten Kerne, die aus besonders geeigneten Körperzellen gewonnen werden, in vorher entkernte Zellen (häufig wohl Eizellen) anderer Lebewesen implantiert werden.
Wie die Erfahrung allgemein lehrt, ist der Weg von der Tierzucht zur Anwendung beim Menschen im allgemeinen nicht weit. Auf einem Symposium im Dezember 1968 in den USA diskutierten Fachleute bereits dieses Problem.
Theoretisch ist es also möglich, ein Genie wie Albert Einstein oder aber auch einen zweifelhaften politischen Diktator immer wieder

zu kopieren. Dazu müßte das im Zellkern lokalisierte Erbgut des zu Klonenden in eine vorher entkernte Eizelle transplantiert werden und diese dann von einer fremden Frau in einer sogenannten Gastschwangerschaft ausgetragen werden.
Um das allerdings realisieren zu können, bedarf es einer erheblichen Verbesserung der Experimentiertechnik. Würde man diesen "Eingriff am Menschen versuchen, müßte man zur Zeit etwa 70 Zellkerne transplantieren, um ein normales Kind zu erhalten" (Selecta, 1969, S. 1229).
Die Tatsache der Klonung beweist, daß jede Zelle von Vielzellern - also auch die des Menschen - die Potenz zur Entwicklung zu einem ganzen Individuum besitzt, weil jede Körperzelle einen vollständigen Satz genetischer Information enthält. Somit besteht auch beim erwachsenen Menschen die Möglichkeit einer "Teilung".

*Ovulation:*

*Eisprung; Ausstoßung des befruchtungsfähigen Eies aus dem Graafschen Follikel.*

*Nidation:*

*Einnistung eines menschlichen Keimes in die Schleimhaut der Gebärmutter.*

*Wie entstehen eineiige Mehrlinge:*

*Durch Klonung*

(Näheres siehe "Klonung" und TB 2b, S. 100)

## TESTBOGEN

*Biologische Grundbegriffe*

Was versteht man in der Biologie unter

Keimzellen:


Körperzellen:


haploid:


diploid:


Chromosomen:


Befruchtung:

Zygote:

Genetische Information:

Geschlechtliche Vermehrung:

Ungeschlechtliche Vermehrung:

Klonung:

Ovulation:

Nidation:

Wie entstehen eineiige Mehrlinge?

*Problemstellung:*

Die Hauptschwierigkeit, die sich bei einer Behandlung der Unterrichtseinheit "Wann beginnt menschliches Leben?" ergibt, liegt darin begründet, daß es den Naturwissenschaften nicht möglich ist, eine eindeutige Antwort zu geben. Sicher ist aus naturwissenschaftlicher Sicht nur folgendes: Die befruchtete Eizelle, die Zygote, ist eine menschliche diploide Körperzelle, die die Fähigkeit besitzt, unter bestimmten physiologischen Bedingungen durch permanente Zellteilungen und Zelldifferenzierungen zu einem Menschen auszuwachsen. Gewiß ist weiterhin, daß schon diese Zygote und natürlich alle ihre Zellabkömmlinge eine genetische Information besitzen, die anders ist als die der umgebenden mütterlichen Zellen.
Naturwissenschaftlich aufweisbar ist auch, daß es während der Keimesentwicklung im Mutterleib keine eindeutig faßbaren Grenzen im Anschluß an die Befruchtung gibt. Einen Einschnitt, der wirklich etwas Neues bringt, gibt es während der Embryonalentwicklung nicht.
Mit der Nidation, also der Einnistung des vielzelligen Keimes in die Uterusschleimhaut, hat dessen Fähigkeit zur Entwicklung von identischen Mehrlingen zumindest theoretisch prinzipiell nicht aufgehört. Das beweisen Klonungsexperimente mit Vielzellern (vgl. TB 2a-c Klonung). Die Potenz, zum ganzen Menschen zu regenerieren, besitzt jede kernhaltige Körperzelle.
Diese Erkenntnis ist von großer theoretischer Bedeutung.
"Diese Tatsachen, auch von irrigen Ansichten einiger Moraltheologen außer acht gelassen, sind natürlich sehr folgenreich für die ethische Beurteilung von Frühabort und entsprechend wirkenden Maßnahmen wie 'Pille danach' oder 'Spirale'" (J. Bökmann, 1976. S. 235).

Mit den "irrigen Ansichten" einiger Moraltheologen sind W. Ruff (1970), F. Böckle (1972) und J. Gründel (1971) gemeint (vgl. TB 3 "Böckle-Gründel-Texte").
Eine unterrichtliche Behandlung der beiden Texte des TB 3 sollte dem Schüler einsichtig machen, weshalb die dort geäußerten Auffassungen für den Naturwissenschaftler nicht akzeptabel und somit auch problematisch sind. Die dieser Meinung zugrundeliegende Auffassung, daß nur bis zur Nidation eine Mehrlingsbildung möglich ist, trifft nicht zu. Die Potenz zur Mehrlingsbildung dürfte - das sei noch einmal wiederholt - jede diploide Zelle besitzen.
Daß es den Theologen Böckle und Gründel allerdings nicht darum geht, einfachhin einer Nidationshemmung das Wort zu reden, sollte andererseits ebenfalls im Unterricht deutlich herauskommen. So schreibt Gründel: "Angesichts verschiedener Unsicherheitsfaktoren bezüglich des Beginns menschlichen Lebens sowie der verhältnismäßig hohen Wahrscheinlichkeit einer ausbleibenden Einnistung von befruchteten menschlichen Keimzellen (bis zu 50 Prozent) ließe sich jedoch darüber diskutieren, ob in sehr frühen Stadien der Entwicklung - während der ersten 14 Tage - doch u.U. aus entsprechend schwerwiegenden Gründen ein Eingriff mit dem Ziel der Verhinderung der Einnistung eines eventuell befruchteten Eies in Erwägung gezogen werden könnte. So wenig man die sogenannten Nidationshemmer mit den üblichen Empfängnisverhütungsmitteln gleichsetzen und empfehlen kann, so sollte man sie doch auch nicht einfach mit 'Abortiva' (einer Abtreibung) gleichsetzen, wie es H. Leiner tut, wenn er sagt: 'Die Verhinderung der Einnistung der Blastula im Uterus muß grundsätzlich der Schwangerschaftsunterbrechung gleichgesetzt werden.' W. Ruff ist der Meinung, daß derartige Manipulationen anders zu beurteilen sind als ein Eingriff an

einem bereits mit Sicherheit geistbeseelten menschlichen Leben.
Gerade bei einer Vergewaltigung einer Frau sollte man fragen, ob nicht das der Frau zugefügte Unrecht so unermeßlich groß ist, daß angesichts der zahlreichen Unsicherheitsfaktoren (ob überhaupt eine Befruchtung stattfand, ob ein solches befruchtetes Ei überhaupt zur Einnistung gelangt, ob man überhaupt hier schon den Beginn menschlich-personalen Lebens ansetzen darf) eine Güterabwägung möglich und damit auch eine entsprechende Manipulation (Spülungen, medikamentöse Mittel: 'Pille danach') als das geringere Übel angesehen und sittlich verantwortet werden könnten. Die Diskussion um die sittliche Erlaubtheit der sogenannten ethischen Indikation könnte somit auch wesentlich entschärft werden. Ein ähnlich schwerwiegender Grund für eine solche Manipulation wäre die Tatsache, daß durch eine Schwangerschaft das Leben der Mutter schwer gefährdet würde. Sicherlich ließe sich eine solche Güterabwägung nicht einfach aus sozialen Gründen heraus rechtfertigen. Der Eingriff in den frühen Werdeprozeß während der ersten 14 Tage allerdings ließe sich nur aus entsprechenden äquivalenten Gründen verantworten. Allerdings kann hier eine kasuistische Festlegung dem Einzelnen die Entscheidung nicht abnehmen. Dagegen erscheint es wohl nicht mehr verantwortlich, in späterer Zeit noch in einen bereits begonnenen Werdeprozeß einzugreifen und einen Abbruch dieser Schwangerschaft als sachlich gerechtfertigt hinzustellen. Sachlich dürfte zu einem solchen Verhalten kein hinreichender Grund vorhanden sein, der die Tötung dieses ungeborenen Lebens rechtfertigt bzw. aufwiegt. (Das besagt jedoch nicht, daß aufgrund eines irrigen Gewissens jemand subjektiv ein solches Tun als erlaubt ansieht.)
Allerdings erscheinen die verschiedenen möglichen Methoden für die Verhinderung einer

Einnistung einer eventuell befruchteten
Eizelle keineswegs völlig gleichgültig. Die
Nidationshemmer mechanischer Art (Intrauterinpessare oder Schleife) tragen ausgesprochen prophylaktischen Charakter; sie müssen
also bereits vor der Kohabitation eingelegt
werden und kommen somit für eine nachträgliche (etwa nach einer Vergewaltigung) einzuleitende Notmaßnahme nicht in Frage. Ob
dies wohl der Grund dafür war, daß in dem
1969 von Frau Bundesminister Käthe Strobel
veröffentlichten 'Sexualkunde-Atlas' diese
Methode undifferenziert neben den anderen
Methoden der Empfängnisregelung angeführt
wird - ein 'lapsus', der einer derart offiziellen Ausgabe nicht unterlaufen dürfte!"
(J. Gründel, 1971, S. 121).
So irrig vom biologischen Standpunkt aus die
gemachten Annahmen Gründels über den Beginn
menschlichen Lebens sind: schwerer wiegen die
unhaltbaren Folgerungen, die daraus für die
ethische Würdigung gezogen werden. Menschliches Leben - auch das nur wahrscheinlich oder
möglicherweise entstandene, darf nicht als
"kleineres Übel" mit Hilfe von "Güterabwägung" oder aus "schwerwiegenden Gründen" absichtlich getötet werden.


*Unterrichtsmedien:*

Testbogen "Biologische Grundbegriffe"
TB 1:     Stadien der frühen Embryonalentwicklung
TB 2a-c:  Klonung
TB 3:     Böckle-Gründel-Texte


*Zielsetzungen der Unterrichtseinheit:*

Der Schüler soll
das für eine erfolgreiche Behandlung der Themen dieser Unterrichtsreihe erforderliche

biologische Grundwissen besitzen;
die wichtigsten Stadien der frühen Embryonalentwicklung kennen;
wissen, daß aus biologischer Sicht nur die Befruchtung ein neuschaffender Einschnitt ist;
begründen, weshalb die Nidation zwar ein unerläßlicher Vorgang, aber kein außerordentlicher Einschnitt in der Keimesentwicklung darstellt;
über das biologische Phänomen der Klonung informiert sein;
begründen, weshalb die Potenz zur Mehrlingsbildung mit der Nidation nicht prinzipiell aufhört;
einsehen, daß die Biologie die Frage nach dem Beginn des einzelnen menschlichen Lebens letztlich nicht beantworten kann;
begründen, weshalb die Auffassung mancher Theologen, daß frühestens mit der Nidation von einem Menschen gesprochen werden kann, naturwissenschaftlicher Erkenntnis widerspricht;
wissen, wie in der Kirche die Aussage: "Die befruchtete Eizelle ist schutzwürdig" begründet wird.

*Geplanter Verlauf der Unterrichtseinheit:*

1. Der Testbogen "Biologische Grundbegriffe" wird erarbeitet. Festgestellte Informationslücken müssen zunächst geschlossen werden.

2. Anhand von TB 1 "Stadien der frühen Embryonalentwicklung" wird dem Schüler folgendes verdeutlicht:

2.1. Die Befruchtung findet im Eileiter statt.

2.2. Die befruchtete Eizelle, die Zygote, enthält die genetische Information von Ei und Spermium. Sie ist diploid und besitzt eine andere Information als alle umgebenden mütterlichen Zellen.

2.3. Der neuschaffende Einschnitt ist die Befruchtung.

2.4. Die Nidation ist zwar für die weitere Entwicklung unerläßlich, aber nicht wie die Befruchtung ein neuschaffender Einschnitt.

3. TB 2a-c "Klonung" wird bearbeitet. Herauszustellen ist folgendes:

3.1. Ungeschlechtliche Vermehrung vollzieht sich bei höheren Organismen über diploide Körperzellen.

3.2. Auch beim Menschen gibt es bei der identischen Mehrlingsbildung ungeschlechtliche Vermehrung.

3.3. Beim Frosch gelang es mehrfach, durch experimentelle Klonung aus Körperzellen jeweils ein ganzes funktions- und lebensfähiges Tier zu regenerieren.

3.4. Es dürfte sicher sein, daß diploide Körperzellen aller höheren Organismen, also auch des Menschen, die Potenz in sich tragen, zu einem ganzen Lebewesen auszuwachsen. Diese Potenz ist dadurch gegeben, daß jede Körperzelle einen vollständigen Satz genetischer Information besitzt.

4. Mit den Schülern wird diskutiert, weshalb die Naturwissenschaften die Frage nach dem Beginn des einzelnen menschlichen Lebens nicht eindeutig beantworten können. Dabei sollte herausgearbeitet werden:

4.1. Die Naturwissenschaft kann keine Wesensaussagen machen, sondern "nur" Phänomene beschreiben.

4.2. Diese Phänomene sind unter Punkt 2 zusammengestellt.

4.3. Die Naturwissenschaft kann die Frage, ob die befruchtete Eizelle schon Mensch ist oder nicht, weder bejahen noch verneinen.

5. Die Auffassungen der Theologen Böckle und Gründel über die Bedeutung der Nidation für den Beginn menschlichen Lebens lernen die Schüler durch TB 3 "Böckle-Gründel-Texte" kennen. Es wird herausgearbeitet:

5.1. Die Behauptung Böckles, daß "innerhalb der 3. Entwicklungswoche das Ende jeder auch theoretisch möglichen Zwillingsbildung liegt", ist sachlich falsch. Vielmehr besitzt zumindest theoretisch jede menschliche diploide Körperzelle die Potenz zur Ausbildung eines ganzen Menschen (vgl.: "Experimentelle Klonung").

5.2. Die Unterscheidung zwischen individualisiertem und nichtindividualisiertem Leben und deren Begründung widerspricht naturwissenschaftlichen Erkenntnissen.

5.3. Gründels Unterscheidungen in vier Punkten sind sachlich nicht zu halten. Neuschaffender Einschnitt ist nur in seinem ersten Punkt "Befruchtung" gegeben. Die Schwangerschaft mit Abschluß der Nidation anzusetzen, ist willkürliche Setzung.

6. Die Begründung der Kirche, weshalb die befruchtete Eizelle schutzwürdig ist, wird gegeben. Solange alles dafür spricht, daß das Neue eines individuellen menschlichen Lebens in der Befruchtung grundgelegt wird und beginnt, wenigstens solange nicht auszuschließen ist, daß die Zygote Mensch ist, solange muß die Schutzfunktion, das Tötungsverbot und die Achtung vor dem Leben dem Schwächeren gegenüber strikt beachtet werden.

*2. Unterrichtseinheit*

*Thema:* <u>Die Regulation der menschlichen Fortpflanzung</u>

*Problemstellung:*

Die Regulation der menschlichen Fortpflanzung ist ein Problem, mit dem sich jeder einzelne ernsthaft auseinanderzusetzen hat. Es ist unübersehbar, daß damit aber auch schwerwiegende und ernste ethische Fragen verbunden sind. Sie betreffen Ziele, Gehalt und Ordnung der Partnerschaft, der Ehe und Familie, sozialer Verantwortung sowie einer gemeinwohlorientierten Gesellschaftsordnung. Christliches Ethos wirkt hier durch Wertbewußtsein, das auch in leitenden und grenzsetzenden Normen Ausdruck findet. Die Frage, z.B. ob nicht schwerwiegende Gründe wie beispielsweise genetische Belastungen oder gesundheitliche Gefährdung der Frau den Verzicht auf Kinder auf unbegrenzte oder begrenzte Zeit erforderlich machen, wird auch von der Kirche als ernstes Problem anerkannt.
Verzicht auf eigene Kinder bedeutet aber aus biologischer und ethischer Sicht, daß eine Verschmelzung von Ei und Spermium, also eine Befruchtung, gar nicht erst zustande kommt, da, wie schon in der 1. Unterrichtseinheit näher ausgeführt, nicht ausgeschlossen werden kann - ja manches sogar dafür spricht -, daß die befruchtete Zygote schon Mensch im eigentlichen Sinne ist.
Eine etwa biologisch wünschenswerte und ethisch gegebenenfalls gebotene Verhinderung der Befruchtung setzt allerdings voraus, daß jeder weiß, welche Methoden wirklich Zygotenbildung ausschließen und welche nur durch Nidationshemmung zum Frühabortus führen.
Leider ist nicht alles, was zu diesem Thema in Ehe-, Aufklärungs- und auch Schulbüchern

dargelegt wird, sachlich einwandfrei und
begrifflich klar. Das Gegenteil ist sogar
häufig zu beobachten. Begriffliche Unexaktheit wie der Ausdruck "Schwangerschaftsverhütung", biologische Unsinnigkeiten wie das
Wort "Schwangerschaftsunterbrechung" oder
gefährliche Unrichtigkeiten wie die Einbeziehung der die Nidation verhindernden Spirale
in die Methoden der Empfängnisverhütung ist
in vielen Publikationen zu finden. Mitverantwortlich für diese bedauerliche Begriffsverwirrung sind - ohne es allerdings gewollt zu
haben - auch jene Theologen, die dazu neigen,
Menschsein erst mit der Nidation oder sogar
noch später anzusetzen (Näheres siehe 1. Unterrichtseinheit). Mehr und mehr berufen sich
Gynäkologen und vereinzelt auch schon Schulbuchautoren auf diese auf den S. 74-77
kritisierten Auffassungen.
So werden in dem Biologiebuch von H. Garms
"Lebendige Welt" die Schüler etwa der 9. Klasse "zum Nachdenken" über folgenden Satz aufgefordert:
"Heute wird von theologischer, medizinischer
und juristischer Seite die Einnistung eines
befruchteten Eies als Beginn der Schwangerschaft angesehen. Inwiefern kommt also die
Verwendung eines T-Pessars mit dem § 218 des
Strafgesetzbuches (Abtreibungsparagraph in
der bisherigen Fassung) nicht in Konflikt?"
(S. 217). Den so informierten Schülern wird
gar nicht bewußt werden können, daß der Beginn
dessen, was wir Schwangerschaft nennen, reine
Definitionssache ist. Dabei müßte auch der
Unterschied von biologisch-physiologischen
und rechtlichen Maßstäben (etwa Feststellbarkeit) erklärt und beachtet werden. Für die
Regulation der menschlichen Fortpflanzung ist
jedenfalls einzig und allein der Beginn
menschlichen Lebens ethisch relevant.

*Behandlung der "Regulation menschlicher
Fortpflanzung" im heutigen Biologieunterricht:*

(Vgl. auch TB 6 "Darstellung der Regulation
der Fortpflanzung in Schulbüchern".)
Die Darstellung aus "Biologie des Menschen"
von Linder-Hübler ist dem Kapitel "Das Risiko
der Sexualität" (TB 6, 1. Beispiel) entnommen.
Der Schüler wird ermahnt, daß "die Heftigkeit
des Geschlechtstriebes zu ungewollter Schwangerschaft, zum unehelichen Kind, zur Vergewaltigung, zu Geschlechtskrankheiten und
schließlich sogar zum Sexualmord führen kann"
(S. 47). Begrifflich unsauber und abwegig
wird von "Schwangerschaftsverhütung" gesprochen. Die in der Tabelle des Textbogens 6
genannte Überschrift "Empfängnisverhütung"
ist sachlich irreführend und falsch, denn die
Spirale verhütet die Empfängnis nicht.
Sehr fragwürdig ist auch das zweite Beispiel
im Textbogen 6, das der "Humanbiologie" von
Bauer entnommen ist. Bei der Nennung der
Schleife wird nicht deutlich, daß es sich
hier um einen Nidationshemmer handelt. Nicht
die Einnistung des *Eies*, sondern des *befruchteten Keimes* wird verhindert. Hier liegt also
sogar ein schwerwiegender sachlicher Fehler
vor.
Ausnahmslos alle zur Zeit an Schulen eingeführten Biologiebücher behandeln die "Regulation der menschlichen Fortpflanzung". Das Wie
der Darstellung kann - von wenigen Ausnahmen
abgesehen - allerdings nicht befriedigen.
In dem Werk "Einführung in die Biologie" von
Bruggaier-Kallus wird zunächst die Frage gestellt, wie ohne Angst vor ungewollter Schwangerschaft eine sexuelle Befriedigung erreicht
werden kann (S. 248). "Schwangerschaftsverhütung" und "Schwangerschaftsunterbrechung" werden als Möglichkeiten genannt. Brauchbare
Methoden der "Schwangerschaftsverhütung" sind
danach: Coitus interruptus, Bestimmung der
unfruchtbaren Tage, Kondom, Portiokappe,

Intrauterinpessar, chemische Mittel und
Ovulationshemmer. Wie aus TB 4 "Regulation
der Fortpflanzung" hervorgeht, werden hier
völlig unterschiedlich wirkende Methoden
unter dem unzulässig weiten und vagen Begriff der "Schwangerschaftsverhütung" zusammengefaßt. Das Intrauterinpessar gehört zu
den Nidationshemmern, alle anderen genannten
Methoden sind Befruchtungshemmer. Biologisch
sinnlos und ethisch täuschend ist der genannte Begriff der "Schwangerschaftsunterbrechung". Aus naturwissenschaftlicher Sicht
wird Schwangerschaft niemals nur unterbrochen. Es kommt ausnahmslos zum Schwangerschaftsabbruch.
In "Lebendige Welt", Bd. ab 7. Schuljahr, von
Garms werden sogar "Hormonpille" und das
T-Pessar als besonders zuverlässige empfängnisregelnde Maßnahmen genannt (S. 217). Auch
diese Darstellung ist sachlich falsch.
Wesentlich besser ist die Darstellung im Werk
"Kennzeichen des Lebendigen, Bd. 9/10" von
Kattmann-Palm-Rüther. Elf Methoden der Geburtenregelung werden in einer Tabelle genannt
(siehe S. 85 ff.). Wie aus der Tabelle zu ersehen ist, werden die nidationshemmenden Methoden "Intrauterinpessar" und "Pille danach"
in Kurzform exakt beschrieben. Im kommentierenden Begleittext heißt es: "Die Schleife und
die 'Pille danach' verhindern nicht die Befruchtung, sondern die Einnistung des Keimes
in die Gebärmutterschleimhaut. Die Einnistung
heißt mit dem medizinischen Fachausdruck 'Nidation', die Schleife und die 'Pille danach'
heißen daher auch Nidationshemmer. Ihre Anwendung stößt auf ähnliche Bedenken wie der
Schwangerschaftsabbruch" (S. 156).
Erfreulich ist die begriffliche Exaktheit.
Problematisch, weil täuschend und tendenziös,
ist die Bezeichnung "Wunschkindpille" für die
Ovulationshemmer. Ein ähnlicher Vorbehalt muß
gegenüber dem verbreiteten Ausdruck "Antibabypille" gemacht werden.

*Darstellung der Regulation der Fortpflanzung*

| Methode | Beschreibung | Vorteile | Nachteile | Zuverlässigkeit* |
|---|---|---|---|---|
| Koitus interruptus ("Aufpassen") | vor dem Samenerguß abgebrochener Geschlechtsverkehr | keine Vorbereitung | sehr unzuverlässig, vor dem Samenerguß werden bereits Samenzellen abgegeben | 15 bis 38 |
| Kalendermethode | Ausnutzung der unfruchtbaren Tage der Frau | keine Mittel notwendig | sehr unzuverlässig | 15 bis 38 |
| Temperaturmethode | Ausnutzung der unfruchtbaren Tage der Frau | keine Mittel notwendig | sehr umständlich, für viele Frauen nicht durchzuführen | 0,5-1,5 |
| Wunschkindpille | verhindert hormonell den Eibläschensprung (Ovulationshemmer) | einfach und völlig sicher | Eingriff in den Hormonhaushalt, ärztliche Betreuung notwendig | 0,3 |

| Methode | Beschreibung | Vorteile | Nachteile | Zuverlässigkeit |
|---|---|---|---|---|
| Kondom, Präservativ "Gummischutz" | dünne Gummihülle, die über das versteifte Glied gezogen wird | leicht erhältlich, schützt vor Ansteckung bei Geschlechtskrankheiten | das Kondom muß auf der Packung den Vermerk haben: elektronisch geprüft, sonst ist es unzuverlässig | 7** |
| Kappenpessar | Gummihalbkappen zum Verschluß des Gebärmuttermundes | keine unmittelbare Vorbereitung | ständig ärztliche Hilfe zum Einsetzen erforderlich | 7** |
| Okklusiv-Pessar, Diaphragma | Gummihalbkappen zum Verschluß des Gebärmuttermundes | keine unmittelbare Vorbereitung, kann nach einmaliger Einpassung durch den Arzt selbst eingesetzt werden | bei jungen Mädchen manchmal schlecht einzupassen | 7 bis 9** |

| Methode | Beschreibung | Vorteile | Nachteile | Zuverlässigkeit |
|---|---|---|---|---|
| Chemische Mittel | Sprays, Salben, Tabletten, die Stoffe zum Abtöten von Spermien enthalten (Spermaticide) | einfach, keine ärztliche Hilfe erforderlich, Kombination mit Kondom und Pessaren günstig | ohne Kombination mit Kondom oder Pessar unzuverlässig | 8 bis 36 |
| Intrauterinpessar "Schleife", "Spirale" | in die Gebärmutter eingelegtes Plastikband verhindert mechanisch die Einnistung des Keims | keine unmittelbare Vorbereitung | nur vom Arzt einzusetzen, kann unbemerkt abgestoßen werden, verursacht bisweilen unregelmäßige Blutungen | 1,8 bis 11 |
| "Pille danach" | Einnistung des Keims wird hormonell verhindert | einfach | in der BRD nicht im Handel, Nebenwirkungen und Spätschäden nicht umfassend erforscht | ? |

87

| Methode | Beschreibung | Vorteile | Nachteile | Zuverlässigkeit |
|---|---|---|---|---|
| Sterilisation | Operation an den Samen- bzw. Eileitern | einmaliger Eingriff | meist nicht rückgängig zu machen | 1 |

x  Zahl der Schwangerschaften bei 100 Anwendungsjahren, ohne Verhütungsmittel beträgt die Zahl 80 bis 120
xx größere Sicherheit bei Kombination mit chemischem Mittel

(Aus: *Kattmann-Palm-Rüther: Kennzeichen des Lebendigen, Bd. 9/10: Mensch und Biosphäre, Vieweg-Schulverlag, Düsseldorf 1975, S. 157*)

*Zusammenfassung:*

Die Regulation der Fortpflanzung wird in allen Schulbüchern behandelt. Mit wenigen Ausnahmen (vor allem "Mensch und Biosphäre") kann die Darstellung nicht befriedigen. Unzulässige Vereinfachungen, sachliche Fehler, Mangel an begrifflicher Exaktheit, vage oder irreführende Ausdrücke und Überbetonung der biologisch-physiologischen Sicht kennzeichnen das Bild.
Eine ethische Würdigung fehlt vollständig. In vielen Publikationen wird der Eindruck erweckt, als könnten bei empfängnisverhütenden Praktiken, nidationshemmenden Maßnahmen, frühabtreibenden Mitteln und Sterilisationen unterscheidungslos allenfalls Fragen der "Sicherheit" oder Geschmacksmomente eine Rolle spielen. Die ernsten Bedenken von Psychologen (Isolierung des Lustmoments), Erziehern (verfrühte Teilbindungen, Fixierungen, unreife Eheschließungen), Ethikern (Abspalten oder Ausklammern des personalen Bezugs; der partnerschaftlichen und sozialen Verantwortung), Anthropologen und Biologen (totale Unterdrückung der Zeugungsoffenheit humaner Geschlechtsbeziehung) und des christlich-kirchlichen Ethos (Beachtung der Schöpfungsordnung in diesen Fragen)... werden völlig verschwiegen, geschweige denn diskutiert.


*Unterrichtsmedien:*

TB 4: Regulation der Fortpflanzung
TB 5: Darstellung der Regulation der Fortpflanzung in der Broschüre "Muß-Ehen"
TB 6: Darstellung der Regulation der Fortpflanzung in Schulbüchern

*Zielsetzungen der Unterrichtseinheit:*

Der Schüler soll
zwischen Methoden, die eine Befruchtung, und solchen, die eine Nidation verhindern, unterscheiden;
wissen, daß auf dem Gebiet der Regulation der Fortpflanzung ein nicht zu verantwortender Begriffswirrwarr vorhanden ist;
begründen, weshalb der Begriff "Schwangerschaftsunterbrechung" biologisch sinnlos und ethisch gefährlich, da verharmlosend ist;
einsehen, daß auch in den allermeisten Aufklärungsschriften und Biologiebüchern die begriffliche Exaktheit nicht gegeben ist;
begründen, weshalb die in diesen Büchern verwendeten Begriffe wie "Schwangerschaftsverhütung" oder "Empfängnisregelnde Methoden" problematisch sind;
begreifen, daß der verwendete Begriff "Schwangerschaftsunterbrechung" nicht zulässig ist, da es sich hierbei um "Schwangerschaftsabbruch" handelt;
bemerken und kritisieren, daß unerläßliche ethische Überlegungen völlig fehlen bzw. in unterscheidungsloser Indifferenz unterdrückt werden.


*Geplanter Verlauf der Unterrichtseinheit:*

1. TB 4 "Regulation der Fortpflanzung" wird besprochen. Deutlich zu unterscheiden ist zwischen den Methoden, die eine Befruchtung verhindern, und jenen, die eine Nidation ausschließen.

2. Daß in gängigen Aufklärungsschriften und Biologiebüchern diese von der Fachwissenschaft gemachte Unterscheidung im allgemeinen nicht gemacht wird, wird anhand von TB 5 und TB 6 erarbeitet.

2.1. TB 5 "Darstellung der Regulation der Fortpflanzung in der Broschüre 'Muß-Ehen'" wird besprochen. Herauszuarbeiten ist, daß - sachlich falsch - ausgeführt wird, daß die Einnistung eines Eies verhindert wird. Richtig dagegen ist, daß Pessare die Einnistung eines befruchteten Keimes verhindern. Dieses wird nicht einmal erwähnt.

2.2. TB 6 "Darstellung der Regulation der Fortpflanzung in Schulbüchern" wird anschließend diskutiert. Deutlich werden sollte, daß im 1. Beispiel der unzulässige Begriff "Schwangerschaftsverhütung" gebracht wird. Verheimlichung des außerehelichen Geschlechtsverkehrs als moralischen Grund zur "Schwangerschaftsverhütung" zu nennen, ist nicht nur oberflächlich, sondern für den sittlich empfindenden Menschen geradezu unerträglich. In der Tabelle des ersten Beispieles wird die nidationshemmende Spirale fälschlicherweise als "empfängnisverhütendes Mittel" bezeichnet.
Gleiche unzulässige begriffliche Unsauberkeit findet sich auch im 2. Beispiel. Nicht die Einnistung eines Eies wird verhindert, sondern die eines menschlichen Keimes.

3. Daß der vielverwendete Begriff "Schwangerschaftsunterbrechung" täuschend ist, kann am Beispiel des Fußballspiels verdeutlicht werden. Eine Unterbrechung des Spiels ist etwas völlig anderes als ein Abbruch. Gleiches gilt für die "Schwangerschaftsunterbrechung" bzw. für den Schwangerschaftsabbruch. Wer von "Schwangerschaftsunterbrechung" spricht, meint ausnahmslos Schwangerschaftsabbruch. Selbst dieser Ausdruck hat noch eine verharmlosende Tendenz, da er den eigentlichen Vorgang, nämlich Tötung (Abtreibung) menschlichen Lebens verschweigt.

3. *Unterrichtseinheit*

*Thema:* <u>Nidationshemmer verhindern nicht die Befruchtung</u>

*Zielsetzungen der Unterrichtseinheit:*

Der Schüler soll
begründen, weshalb aus fachbiologischer Sicht Nidationshemmer etwas ganz anderes sind als Befruchtungshemmer;
einsehen, weshalb die Kirche ethisch Nidationshemmer ganz anders bewertet als Befruchtungshemmer.

*Geplanter Verlauf der Unterrichtseinheit:*

1. Weshalb aus biologischer Sicht Nidationshemmer etwas ganz anderes sind als Befruchtungshemmer, wird herausgearbeitet.

2. Der Standpunkt der theologischen Ethik in der Bewertung der Nidationshemmer wird deutlich gemacht und begründet.

*Literaturangaben:*

| | |
|---|---|
| Böckle, F.: | Kann die Frau allein entscheiden? Anmerkungen eines Moraltheologen zum § 218, in: Beckel, A. (Hrsg.): Abtreibung in der Diskussion, Münster 1972 |
| Bökmann, J.: | Geschlechtserziehung und Sexualethik nach der sexuellen Revolution, in: Theologie der Gegenwart 4-1976 |
| Gründel, J.: | Abtreibung pro und contra, Würzburg 1971 |

Neumann, G.-H.: Unterrichtseinheiten für das
             Fach Biologie in der Sekun-
             darstufe I, Reihe: uh 1,
             Kevelaer 1976
Ruff, W.:    Individualität und Personali-
             tät im embryonalen Werden,
             in: Theologie und Philosophie,
             Bd. 45, 1970, S. 24-59

4.1. Textbögen zur Unterrichtsreihe II

# TEXTBOGEN 1

*Stadien der frühen Embryonalentwicklung*

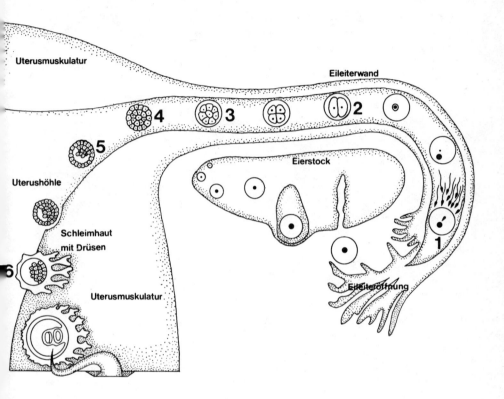

1: Befruchtung; im allgemeinen 12-24 Stunden nach der Ovulation. Chromosomensatz der Zygote diploid; 2n = 46.
2: Zweizellenstadium (Alter etwa 30 Stunden). Beide Zellen 2n.
3: Morula, bestehend aus 12-16 sogenannten Blastomeren. Chromosomensatz jeder Zelle 2n.
4: Ältere Morula tritt in die Gebärmutter ein (Alter etwa 4 Tage); 2n.

5: Sogenannte Blastozyste (etwa 4 1/2 Tage alt). Blastozyste entsteht aus der Morula, nachdem die Zellen einen Hohlraum umschließen.
6: Beginn der Nidation (etwa vom 6. Tag an).

*(Nach J. Langman: Medizinische Embryologie, Georg Thieme Verlag, Stuttgart 1970, S. 27, verändert)*

TEXTBOGEN 2a

*Klonung*

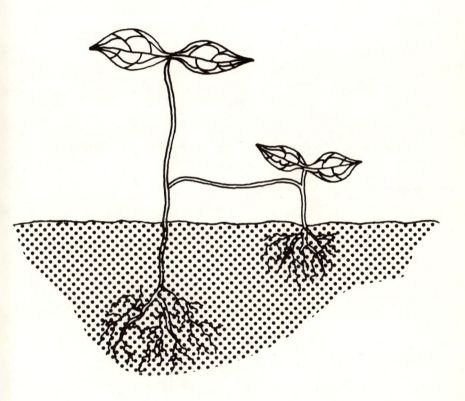

Ungeschlechtliche Vermehrung durch Ausläuferbildung bei der Erdbeerpflanze. Diploide Körperzellen bilden einen Ausläufer, der "Tochterpflanzen" bildet.

TEXTBOGEN 2b

*Klonung*

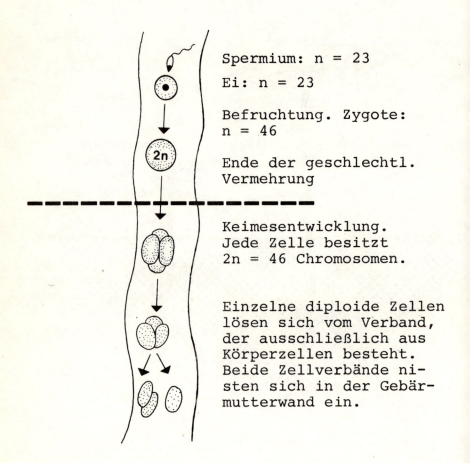

Eileiter

Spermium: n = 23

Ei: n = 23

Befruchtung. Zygote: n = 46

Ende der geschlechtl. Vermehrung

Keimesentwicklung. Jede Zelle besitzt 2n = 46 Chromosomen.

Einzelne diploide Zellen lösen sich vom Verband, der ausschließlich aus Körperzellen besteht. Beide Zellverbände nisten sich in der Gebärmutterwand ein.

Ungeschlechtliche Vermehrung beim Menschen bei der Bildung identischer Mehrlinge.

## TEXTBOGEN 2c

*Klonung*

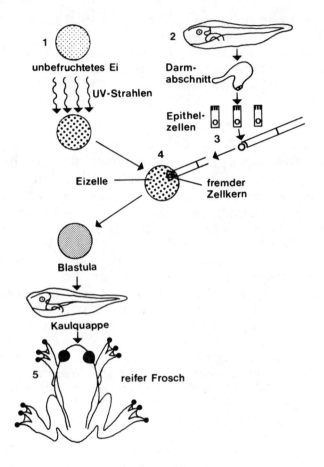

Zu Beginn einer Kerntransplantation wird der Zellkern eines unbefruchteten Froscheies durch ultraviolette Bestrahlung zerstört (1), dann wird einer Kaulquappe (2) Darmgewebe entnommen, aus dessen Epithelzellen mittels einer Mikropipette ein Zellkern gelöst und in das vorbereitete Ei implantiert (4). Daraus kann sich ein normaler Frosch (5) entwickeln. (Im Anschluß an Selekta)

## TEXTBOGEN 3

*Böckle-Gründel-Texte*

Weil im Mutterleib identische Mehrlingsbildung nur bis zur Nidation möglich ist, unterscheiden die Theologen Böckle und Gründel zwischen nichtindividualisiertem (von der Befruchtung bis zur Nidation) und individualisiertem (nach der Nidation) menschlichen Leben.

"Solange der Keimling von seiner Struktur prinzipiell noch zur Teilbarkeit offen ist, solange er also noch nicht einmal zu einem Individuum im strengen Sinn geworden ist, kann sinnvoll wirklich nicht mit dem Überstieg zum personalen Sein gerechnet werden. Es liegt vielmehr nahe, daß dieser Überstieg sich erst in einem Zeitpunkt der embryonalen Entwicklung vollzieht, in dem der Organismus auf höhere Funktionen hin ausgerichtet wird. Dazu ist die Ausbildung der Großhirnanlage absolute Voraussetzung. Dieser Termin liegt allerdings schon recht früh. Innerhalb der dritten Entwicklungswoche liegt das Ende jeder auch theoretisch möglichen Zwillingsbildung, der Beginn der Herzpulsation und ebenfalls der Beginn der Organogenese des Gehirns.
Es liegt nun absolut nicht in unserer Absicht, mit diesen Überlegungen ein Hintertürchen zu öffnen, um den Keimling doch schutzlos der freien Verfügung des Menschen preiszugeben. Denn zunächst gilt, was wir schon früher gesagt haben, der Keimling ist von der ersten Entwicklung an schutzwürdig. Gleichwohl können uns die angestellten Überlegungen doch helfen, Konfliktsituationen zu lösen, in denen es um menschliches Leben geht. Denn es müßte doch jeder vernünftigen Ethik einleuchten, daß

zumindest da, wo ein sicheres menschliches
Lebensrecht gegen ein unsicheres personal-
menschliches Leben steht, das erstere den
Vorrang haben muß.
Wenn wir von der eben dargelegten These ausgehen, daß sich beim Entstehungsprozeß des
Individuums ein Überstieg zur personhaften
Existenz verwirklicht, so lassen sich theoretisch folgende Grenzaussagen machen: I. Es
gibt eine Zeit, in der dieser Überstieg mit
größter Wahrscheinlichkeit (moralisch sicher)
noch nicht anzunehmen ist. II. Es gibt eine
Zeit, in der der Überstieg sicher bereits
erfolgt ist. III. Zwischen diesen Terminen
liegt eine Zeit, in der man mit dem Überstieg
rechnen muß, wo aber die Tatsache noch unter
einem positiven Zweifel steht."

*(Franz Böckle, in: Publik Nr. 33 vom 13.8.1971)*

"Die Frage, wann menschlich-personales Leben
beginnt, läßt sich heute wohl nicht so eindeutig beantworten, wie es in der gemeinsam
erarbeiteten evangelisch-katholischen Stellungnahme zur Strafrechtsreform geschieht. Nach
dieser ist es unbestritten, 'daß menschliches
Leben im Augenblick der Befruchtung der weiblichen Eizelle durch die männliche Samenzelle
beginnt'. Daß biologisches Leben vorliegt,
dürfte klar sein; ob jedoch bereits hier
menschlich-personales Leben gegeben ist, kann
gegenwärtig so präzis nicht beantwortet werden. Hierfür lassen sich nur annähernd einige
Grenzen aufweisen. In der gegenwärtigen Diskussion werden vor allem vier Termine genannt:

1. die Befruchtung bzw. Verschmelzung der
Keimzellen zur Zygote, mit der bereits die
einmalige Genkombination des neuen Organismus
gegeben ist;

2. der Abschluß der Einnistung (die Nidation)
und der damit eingeleitete Beginn der

Schwangerschaft (etwa 10. bis 12. Tag nach der Befruchtung);

3. die eindeutige endgültige Festlegung des Individuums bzw. die Unmöglichkeit eines Auseinandertretens des menschlichen Keimes in Mehrlinge (Zwillinge) (etwa ab dem 14. Tag nach der Befruchtung);

4. schließlich die Herausbildung der menschlichen Großhirnrinde und die Differenzierung der Gehirnfunktionen des Fötus mit Abschluß der Embryonalentwicklung (eine Stufe, die von einigen Autoren mit dem 40. Tag nach der Befruchtung, von anderen mit dem dritten Monat angegeben wird)."

*(Aus: Johannes Gründel: Abtreibung Pro und Contra, Echter-Verlag, Würzburg 1971, S. 119 f.)*

TEXTBOGEN 4

*Regulation der Fortpflanzung*

*Methoden, die eine Befruchtung verhindern:*

| Methode | Sicherheit | Besondere Bemerkungen |
|---|---|---|
| 1. Enthaltsamkeit | absolut | |
| 2. Periodische Enthaltsamkeit | | beruht auf der Tatsache, daß der Eisprung im allgemeinen zwischen dem 12. und 14. Tag vor der nächsten Menstruationsblutung stattfindet und das Ei nur 24 Stunden befruchtungsfähig ist |
| 2.1. Knaus-Ogino-Methode | recht unsicher | nur bei ganz regelmäßigem Zyklus anwendbar, daher unbrauchbar während der Wechseljahre der Frau |
| 2.2. Basal-Temperatur-Messung | sehr sicher | tägliche Temperaturmessung unbedingt erforderlich |

| Methode | Sicherheit | Besondere Bemerkungen |
|---|---|---|
| 3. Mechanische Mittel | | |
| 3.1. Gebärmutterkappe | recht sicher | verschließt den Muttermund |
| 3.2. Kondom | recht sicher | |
| 4. Chemische Mittel | | |
| 4.1. Schaumtabletten, Gelees, Cremes usw. | unsicher | Spermien werden abgetötet. Nicht auszuschließen ist, daß Spermien, die zur Befruchtung kommen, geschädigt werden. |
| 4.2. Ovulationshemmer (Antibabypille) | sehr sicher | greift erheblich in den Hormonhaushalt der Frau ein. Dauernde ärztliche Kontrolle unbedingt erforderlich. |
| 5. Coitus interruptus | sehr gering | |

| Methode | Sicherheit | Besondere Bemerkungen |
|---|---|---|
| Operative Methode: Sterilisation | absolut | beim Mann wie bei der Frau möglich |

*Methoden, die eine Nidation verhindern:*

| Methode | Sicherheit | Besondere Bemerkungen |
|---|---|---|
| 1. Pille danach | noch unbekannt | Erfahrungen, wie weit Nebenwirkungen vorhanden sind, liegen noch nicht vor. |
| 2. Spirale, Schleife (Intrauterinpessar) | recht sicher | Kunststoff- bzw. Kupfergebilde, das durch Arzt in die Gebärmutter eingesetzt wird. Komplikationen sind nicht auszuschließen. Blutungen treten auf. |

TEXTBOGEN 5

*Darstellung der Regulation der Fortpflanzung in der Broschüre "Muß-Ehen muß es nicht geben. Information über Empfängnisregelung für junge Paare in Bildern"*

Man hört immer mehr über das Intra-Uterin-Pessar. Was ist das eigentlich?
Ein Intra-Uterin-Pessar (Gebärmutter-Pessar) ist ein mechanisches Schutzmittel für die Frau.
Es wird vom Arzt (und nur vom Arzt!) in die Gebärmutter eingelegt und verhindert dort, daß sich ein Ei einnisten kann. Es gilt als sehr zuverlässig. Als besonders gut verträglich hat sich das "Kupfer-T-Pessar" erwiesen. Es wurde in Amerika entwickelt und patentiert und ist nur wenige Millimeter dick. Schon der Name kennzeichnet Form und Material: Aus biegsamem Kunststoff wird ein kleines T geformt, dessen senkrechter Teil mit hauchdünnem Kupferdraht umwickelt ist. Das Intra-Uterin-Pessar hat den Vorteil, der Frau Schutz zu geben, ohne daß sie selbst ständig etwas tun muß.
Es ist besonders für Frauen geeignet, die schon ein Kind bekommen haben, aber auch Mädchen und Frauen, die noch nie schwanger waren, können sich ein Intra-Uterin-Pessar einsetzen lassen, wenn der Arzt keine Bedenken hat.

Alle Verhütungsmittel auf einen Blick:

| Methode/ Mittel | Was es ist | Wie es wirkt | Wie sicher es ist und was man beachten muß | Wo zu bekommen |
|---|---|---|---|---|
| Pille | Hormontabletten zum täglichen Einnehmen. | Verhindert u.a. das Heranreifen eines Eies. Der weibl. Körper ist für eine Schwangerschaft nicht bereit. | Leicht zu nehmen. Sehr sicher, aber muß täglich genommen werden. | Apotheke mit Rezept vom Arzt. |
| Minipille | Neuentwicklung der Pille mit weniger Hormonen. | Erstens: Im Gebärmutterhals bildet sich eine Sperre gegen Samen. Zweitens: Das Ei kann nicht einnisten. | Fast so sicher wie die anderen Pillen, aber für manche Frauen verträglicher. | Apotheke mit Rezept vom Arzt. |
| Kondom | Dünner Gummischutz, der über das Glied gezogen wird. | Samen gelangt nicht in die Scheide. | Unkompliziert und sicher, aber richtige Anwendung Voraussetzung. Schützt vor Geschlechtskrankheiten (Tripper). | Apotheke Drogerie Friseur Warenhaus Automat |
| Pessar | Mech. Schutzmittel für die Frau. "Verschließt" den Muttermund. | Samen gelangt nicht in die Gebärmutter. | Kann von der Frau selbst eingelegt, aber muß vom Arzt angepaßt werden. | Apotheke mit Rezept vom Arzt. |

| Methode/ Mittel | Was es ist | Wie es wirkt | Wie sicher es ist und was man beachten muß | Wo zu bekommen |
|---|---|---|---|---|
| Intra-Uterin-Pessar | Flexibles, kleines Schutzmittel, das in die Gebärmutter eingesetzt wird. | Verhindert das Einnisten des Eies. | Man ist immer sicher geschützt, braucht selbst nichts mehr zu tun, ist aber jungen Mädchen nicht zu empfehlen. | Vom Arzt. |
| Knaus-Ogino | Enthaltsamkeit an den fruchtbaren Tagen. | Man liebt sich nur an den Tagen, in denen der Körper nicht auf Schwangerschaft vorbereitet ist. | Sehr unsicher und sehr kompliziert. | |
| Temperatur-Methode | Enthaltsamkeit an den fruchtbaren Tagen, die durch Temperaturmessung ermittelt werden. | Man liebt sich nur an den Tagen, in denen der Körper nicht auf Schwangerschaft vorbereitet ist. | Sicher, wenn man sehr sorgfältig vorgeht. Für viele junge Mädchen aber zu kompliziert. | |
| Chem. Verhütung | Sprays, Zäpfchen, Schaum mit samentötender Wirkung. | Tötet die Samenzellen in der Scheide. | Keines der herkömmlichen Mittel verbürgt einen vollkommenen Schutz. Allerdings gibt es Neuentwicklungen, die einen hohen Grad an Sicherheit bei alleiniger Anwendung aufweisen. | Apotheke Drogerie Spezialgeschäft. |

(Hrsg. von der Bundeszentrale für gesundheitliche Aufklärung, Köln, in Zusammenarbeit mit Bravo, August 1976, S. 14/15)

TEXTBOGEN 6

*Darstellung der Regulation der Fortpflanzung in Schulbüchern*

1. Beispiel
Linder-Hübler: *Biologie des Menschen*, J.B. Metzlersche Verlagsbuchhandlung, Stuttgart 1976

"Schwangerschaftsverhütung ist immer dort akut, wo aus sozialen Gründen (kinderreiche Familie, Armut), medizinischen Gründen (Krankheit der Mutter, Erbkrankheiten) oder aus moralischen Gründen (Verheimlichung des außerehelichen und daher 'sittenwidrigen' Geschlechtsverkehrs) die Geburt eines Kindes unerwünscht ist" (S. 47).

*Übersicht über Methoden der Empfängnisverhütung und ihre Auswirkungen (S. 49):*

| Methode | Versager-quote in % | Vorteile | Nachteile |
|---|---|---|---|
| Petting | 0 | völlig angstfreies Zusammensein | kein normaler Geschlechtsverkehr |

111

| Methode | Versager-quote in % | Vorteile | Nachteile |
|---|---|---|---|
| Coitus interruptus | unterschiedlich; je nach "Aufpassen" etwa 10-20 | keine Hilfsmittel nötig; unmittelbarer Hautkontakt | starke Belastung des Nervensystems bei beiden Partnern; hohe Unsicherheit. Als Dauermethode abzulehnen |
| Kondom | etwa 7; in Verbindung mit chem. Mitteln unter 1 | leicht zu handhaben, nur kurze Vorbereitungszeit vor dem Verkehr; gleichzeitig Schutz gegen Infektionen | Beeinträchtigung des Gefühls |
| Gebärmutterkappe ("Portiokappe") | etwa 7 | unmittelbarer Hautkontakt; nach einmaligem Einsetzen nach der Menstruation keine weiteren Umstände vor dem Verkehr; kann auch selbst eingesetzt werden | Zweimal im Monatszyklus Eingriff nötig (Einsetzen, Herausnehmen); Gefahr von Entzündungen |

| Methode | Versager-quote in % | Vorteile | Nachteile |
|---|---|---|---|
| Spirale ("Intrauterinpessar") | etwa 2,6 | unmittelbarer Hautkontakt; unbegrenzter Verbleib in der Gebärmutter, keine weiteren Umstände vor dem Verkehr | Gefahr der Entzündung oder Blutung der Gebärmutter und möglicherweise nachfolgend Sterilität |
| Chemische Mittel | etwa 10; in Verbindung mit Kondom unter 1 | unmittelbarer Hautkontakt, leicht zu handhaben, gleichzeitig gewisser Schutz gegen Infektionen | störender Zeitverlust (10-15 Minuten) vor dem Verkehr; Gefahr einer nachhaltigen Änderung des Scheidensekrets |
| Anti-Baby-Pille (Ovulationshemmer) | unter 1 | unmittelbarer Hautkontakt, keine störende Manipulation unmittelbar vor dem Verkehr | einige Nebenwirkungen möglich; strenge Regelmäßigkeit der Einnahme nötig |
| Zeitwahl-Methode (Knaus-Ogino) | etwa 14 | unmittelbarer Hautkontakt; ohne jedes technische Hilfsmittel anwendbar | Berechnung der unfruchtbaren Tage umständlich und unsicher |

| Methode | Versager-quote in % | Vorteile | Nachteile |
|---|---|---|---|
| Messung der Basal-temperatur | etwa 1 | unmittelbarer Hautkontakt; keine störende Manipulation vor dem Verkehr; kein Eingriff in den Körper | regelmäßige Temperaturmessung vor dem Aufstehen notwendig, daher umständlich |
| Sterilisation | 0 | unmittelbarer Hautkontakt; keinerlei störende Hilfsmittel oder Manipulationen vor dem Verkehr | absolute Unfruchtbarkeit |

2. Beispiel
E.W. Bauer: Humanbiologie, Cornelsen-Velhagen & Klasing, Bielefeld 1974

*Übersicht über Methoden der Empfängnisverhütung, ihre Zuverlässigkeit und ihre Nebenwirkungen*

| Methode zur Empfängnisverhütung | Beschreibung | Sicherheit | Gelegentliche Nebenwirkungen |
|---|---|---|---|
| Präservativ (Kondom) | Gummihülle über dem Glied fängt die Spermien auf | bedingt sicher | Schmerzen, Überempfindlichkeit |
| Pessar | Kappe über dem Muttermund hält die Spermien ab. Wird vor dem Beischlaf eingeführt und etwa acht Stunden später entfernt | bedingt sicher | Schmerzen, Infektionen, Überempfindlichkeit |
| Schleife (Intra-Uterin-Pessar) | Plastikspirale, die vom Arzt in die Gebärmutter eingeführt wird und dort unbegrenzt lange bleiben kann, verhindert die Einnistung des Eies. | sicher | Schmerzen, Infektionen, Menstruationsbeschwerden |

| Methode zur Empfängnisverhütung | Beschreibung | Sicherheit | Gelegentliche Nebenwirkungen |
|---|---|---|---|
| Scheidenspülung | Nach dem Beischlaf vorgenommene Spülung der Scheide mit Wasser, um die Spermien zu entfernen. | sehr unsicher | Schmerzen, Infektionen, Verletzungen |
| Tabletten, Zäpfchen, Schaumpräparate | Chemische Präparate, die unmittelbar vor dem Beischlaf in die Scheide gebracht werden, die Spermien abtöten oder sie daran hindern, weiter vorzudringen. | unsicher | Schmerzen, Überempfindlichkeit |
| Pille (Ovulationshemmer) | Verhindert hormonal den Eisprung. Muß regelmäßig eingenommen werden. | sehr sicher | Stoffwechselstörung, Übelkeit, Überempfindlichkeit, Menstruationsbeschwerden |

| Methode zur Empfängnisverhütung | Beschreibung | Sicherheit | Gelegentliche Nebenwirkungen |
|---|---|---|---|
| Zeitwahl-Methode | Beischlaf nur in den "sicheren" Perioden vom 1. bis 11. und 17. bis 28. Tag des Menstruationszyklus. | unsicher | |
| Unterbrochener Beischlaf (Coitus interruptus) | Das Glied wird unmittelbar vor dem Orgasmus des Mannes aus der Scheide herausgezogen. | unsicher | Nervosität, Frustration |

5. Unterrichtsreihe III:

   Alter, Lebensverlängerung und Tod

*Inhalt*

Die Unterrichtsreihe "Alter, Lebensverlängerung und Tod" gliedert sich in folgende drei Unterrichtseinheiten:

1. UE: Alter
2. UE: Lebensverlängerung
3. UE: Tod

In der ersten Unterrichtseinheit erfährt der Schüler zunächst, wie einseitig negativ im heutigen Biologieunterricht das Thema "Alter" behandelt wird. Das dort vorhandene unkritische Schablonendenken muß korrigiert werden. Anhand von zwei Texten, die von Kardinal Höffner und von Adolf Müller - Remscheid, MdB stammen, wird im zweiten Teil der Einheit herausgearbeitet, daß alte Menschen im allgemeinen durchaus nicht weniger, sondern häufig nur anders leistungsfähig sind. Vor allem im geistigen Bereich leisten manche von ihnen noch Überdurchschnittliches.
Die 2. Unterrichtseinheit "Lebensverlängerung" beschäftigt sich mit dem Problem der Verlängerung menschlichen Lebens. Es wird erarbeitet, daß es bis heute nicht gelungen ist, die physiologische Altersgrenze von etwa 80 Jahren hinauszuschieben. Durch Erfolge der Medizin und der Hygiene ist es aber gelungen, die Lebenserwartung des Einzelnen zu erhöhen. Neue Technologien, wie die Herz-Lungen-Maschine, ermöglichen eine "Lebenserhaltung fast um jeden Preis". Die Auffassung der Bischöfe dazu und zur Euthanasie allgemein wird anhand eines entsprechenden Textbogens dargestellt und besprochen.
Thema der 3. Unterrichtseinheit ist der "Tod". Zunächst wird darauf eingegangen, daß die Biologie im Tod den Zerfall von Struktur sieht. Daß der christliche Glaube an die Unsterblichkeit nicht im Widerspruch zur naturwissenschaftlichen Todesforschung steht, soll gezeigt werden.

*1. Unterrichtseinheit*

*Thema:* <u>Alter</u>

*Alter im heutigen Biologieunterricht:*

Obgleich über 8 Millionen Menschen allein in der Bundesrepublik Deutschland über 65 Jahre alt sind und die meisten der heutigen Schüler diese Altersgrenze erreichen werden, fällt auf, daß in den auf S. 12 f. genannten Biologiebüchern und auch in didaktischen Fachzeitschriften über dieses so schüler- und gesellschaftsrelevante Thema nur am Rande gesprochen wird.
Die Sekundarstufenbände "Biologie" von Lange-Strauß-Dobers behandeln das Thema überhaupt nicht. Gleiches gilt für die gymnasialen Oberstufenbände "Der Organismus" von Fels und "Biologie" von Linder. Im Werk "Humanbiologie" von Bauer wird das Alter nur kurz erwähnt. Der 1976 neu erschienene Band "Biologie des Menschen" von Linder-Hübler geht nur auf S. 248 im Kapitel 4 "Am Rande der Gesellschaft: Körperbehinderte und alte Menschen" auf das Alter ein. Diese Lebensphase wird fast ausschließlich negativ gesehen (vgl. Textbogen 1, 1. Beispiel). Bruggaier-Kallus sprechen in der "Einführung in die Biologie" im Kapitel 6.7. auf zwei Seiten über die "Biologie des Alterns". Die negative Sicht dieses Lebensabschnittes wird den Schülern schon dadurch deutlich gemacht, daß das Kapitel 6 über "Störungen im Wirkgefüge des Organismus" handelt. Auch diese Darstellung kann nicht befriedigen (vgl. Textbogen 1, 2. Beispiel).
Aus "Lebendige Welt" von Garms (vgl. Textbogen 1, 3. Beispiel) erfährt der Schüler, daß Alter Folge von Abnutzungsvorgängen ist. Das Gewicht des Gehirns nimmt ab, und damit soll eine Abnahme der geistigen Fähigkeiten

verbunden sein. Hier wird eine Behauptung
aufgestellt, die unrichtig ist. Die im Textbogen genannten sieben Punkte für den Leistungsabfall machen das heute weitverbreitete
Schablonendenken sehr deutlich.
Positiver, weil sachgerechter, wird im Werk
"Der Mensch" von Fels und in "Kennzeichen des
Lebendigen" Bd. 9/10 von Kattmann-Palm-Rüther
über das Alter gesprochen. Der Fels-Band
behandelt das Thema leider nur auf einer halben Seite. Auf den mit dem Alter verbundenen
Leistungsabfall wie Nachlassen des Gedächtnisses wird zu Recht hingewiesen. Es wird
aber auch betont, daß im vorgerückten Alter
viele Menschen geistige Höchstleistungen
vollbringen. "Alte Menschen weisen sich vielfach durch größere Erfahrung und Einsichtigkeit aus. Dieser Vorzug wird oft eingeschränkt durch die Starrheit im Festhalten am
'Traditionellen und Bewährten'" (S. 146). Also
auch hier wieder bestimmte alte Klischeevorstellungen.
In "Kennzeichen des Lebendigen" von Kattmann-Palm-Rüther bemüht man sich darum, das Problem "Alter und Altern" nicht ausschließlich
physiologisch zu sehen. Der Schüler wird
sensibilisiert, über den sozialen Tod, über
Einsamkeit, starres Pensionsalter usw. nachzudenken (S. 202). Leider findet sich auch in
diesem Band keine positive Sicht des Alters.
Die didaktischen Zeitschriften für den Biologieunterricht bringen nur in Ausnahmefällen
etwas zu unserem Thema. Nur im "Unterricht
Biologie" ist 1976 ein Heft der "Biologie des
Alterns" gewidmet. Auch hier findet man fast
ausschließlich negative Klischeevorstellungen
vom Alter.
Das gilt vor allem für den Basisartikel von
Drutjons: "Biologie des Alterns und des Alters". Eine Zielsetzung des Unterrichts über
Altenprobleme ist für ihn "Die Hilfsbereitschaft bei den jüngeren Generationen wirksam

werden zu lassen" (S. 6). Dagegen steht jedoch der Generationenkonflikt, der für Drutjons selbstverständlich ist. Der alte Mensch lehnt Verhaltensweisen der Jungen ab. "Argumente, warum die Verhaltensmuster der heutigen Jugend abzulehnen seien, werden hier, wie fast durchweg zu beobachten, nicht vorgebracht. Für die Abwertung genügt der alten Generation die Abweichung von gültigen Normen und Wertmaßstäben ihrer eigenen Jugendzeit" (S. 7).
Unkritisch übernimmt der Autor auch die (falsche) Meinung, daß mit dem Alter die menschlichen Fähigkeiten eingeschränkt werden.
In den in der Zeitschrift folgenden Unterrichtsmodellen werden, nach den einleitenden Ausführungen Drutjons nicht überraschend, ja sogar folgerichtig, primär mit dem Alter verbundene Beeinträchtigungen dargestellt. Das gilt schon für das Grundschulmodell von L. Schlegel: "Menschen, Tiere, Pflanzen altern" (vgl. Näheres TB 2 und 3). Als Lernziel wird genannt: "Die Kinder sollen Merkmale des alten Menschen kennenlernen." Was an unterrichtlicher Arbeit dabei herausgekommen ist, geht aus Textbogen 2 hervor. Norm menschlichen Lebens ist danach die Jugend. Vom Alter wird keine einzige positive Aussage gemacht.
Ein weiteres Lernziel ist das folgende: "Die Kinder sollen erkennen, daß sich das menschliche Leben ständig verändert und mit dem Tod endet."
Im Sekundarstufen-II-Modell von K. Holst soll erarbeitet werden, daß alte Leute sich auch oft geistig verändern (natürlich fast nur negativ). So überrascht es nicht, daß vor allem krankhafte Veränderungen der geistigen Persönlichkeitsstruktur wie "Arteriosklerose" und "Veränderungen informationstragender Moleküle der Gehirnzellen" besprochen werden. Als Medien bietet die Autorin u.a. sieben

Arbeitstexte. Einer davon ist im Textbogen 4 enthalten. Die sechs anderen bringen ebenfalls nur eine negative Sicht des Alters. So behandelt Text 5 "Was ist senile Demenz?" und Text 6 "Der senile Kant".

*Zusammenfassung:*

Das wichtige Thema "Alter" ist im deutschsprachigen Biologieunterricht überall unterrepräsentiert. Von ganz wenigen Ausnahmen abgesehen, wird ausschließlich ein negatives Bild vom Alter und vom alten Menschen gezeigt. Oberflächliche Klischeevorstellungen zeichnen das Bild.
Hier hat der Religionsunterricht einzusetzen, zu korrigieren und zu erweitern. Die Textbögen 5 und 6 geben dazu reichlich Gelegenheit.

*Unterrichtsmedien:*

TB 1: "Alter" in Biologiebüchern
TB 2: Merkmale des Menschen in verschiedenen Lebensaltern
TB 3: Lebenslauf eines Menschen
TB 4: Arbeitstexte aus einem Unterrichtsmodell zum Thema "Biologie des Alterns" für die Sekundarstufe II
TB 5: Zur Lage der älteren Generation
TB 6: Die christliche Botschaft vom Sinn des Alters

*Zielsetzungen der Unterrichtseinheit:*

Der Schüler soll
wissen, wie einseitig negativ - von wenigen Ausnahmen abgesehen - im heutigen Biologieunterricht das Alter dargestellt wird;
einsehen, daß eingeführte Schulbücher für das

Fach Biologie das weitverbreitete Schablonendenken gegenüber dem alten Menschen übernehmen;
weitere Gründe für dieses Schablonendenken benennen;
einige Fakten über den alten Menschen kennen;
wissen, daß vor allem der menschliche Körper im Alter an Anpassungsfähigkeit und Leistungsfähigkeit einbüßt;
wissen, daß dagegen im geistigen Bereich die Leistungsfähigkeit häufig bis ins hohe Alter erhalten bleibt;
begreifen, weshalb in Religion, Kultur, Politik und Wissenschaft auf die Erfahrungen des alten Menschen nicht verzichtet werden kann;
dafür Beispiele benennen;
darüber nachdenken, weshalb viele jüngere Menschen dem Problem des Alterns aus dem Wege gehen.


*Geplanter Verlauf der Unterrichtseinheit:*

1. TB 1 "'Alter' in Biologiebüchern" wird gelesen und besprochen. Es wird die fast ausschließlich negative Sicht vom "Alter" und vom "alten Menschen" herausgearbeitet.

1.1. Beispiel aus "Biologie des Menschen" von Linder-Hübler: "Genau wie bei körperlich Behinderten und Geisteskranken bedarf es bei alten Menschen besonderer Maßnahmen..."

1.2. Beispiel aus "Einführung in die Biologie" von Bruggaier-Kallus: "Alter als Unglücksfall; Bezugnahme auf Gehirnmasse".

1.3. Beispiel aus "Lebendige Welt" von Garms: Alter als Sterbeprozeß; unwissenschaftliche Gleichsetzung von "geistigen Fähigkeiten" und "Gedächtnis".

2. Die Textbögen 2 "Merkmale des Menschen in verschiedenen Lebensaltern" und 3 "Lebenslauf

eines Menschen", die das Ergebnis einer unterrichtlichen Behandlung des Themas "Alter" in einer 4. Grundschulklasse zusammenfassen, werden kritisch diskutiert. Nach diesen Zusammenfassungen ist der junge Erwachsene für begangene Straftaten voll verantwortlich (TB 2). Der junge Mensch "kann alles", der alte braucht Hilfe (TB 3).

3. Die gleiche negative Sicht vom Alter wird aus TB 4 "Arbeitstexte aus einem Unterrichtsmodell zum Thema 'Biologie des Alterns' für die Sekundarstufe II" ersichtlich. Es sollte klar herausgearbeitet werden, daß es sich bei den sieben Texten ausnahmslos um negative Darstellungen des Alters handelt.

So hat Améry beispielsweise unrecht, wenn er meint, daß der "Alternde durch die kulturellen Zeichen der Epoche" irrt. Dieses Irren ist durchaus nicht typisch für den alten Menschen schlechthin. Standfestigkeit zeichnet vielmehr viele von ihnen aus. Dagegen besitzt nicht jeder junge Mensch letztere Gabe. Bei manchen ist sie schon mit 20 Jahren verlorengegangen. Diese stehen dann verwirrt vor den "Zeichen der Epoche".

4. Eine sachgemäße Sicht vom Alter wird anhand der Textbögen 5 "Zur Lage der älteren Generation" und 6 "Die christliche Botschaft vom Sinn des Alters" erarbeitet.

4.1. Zunächst wird deutlich gemacht, daß primär der Körper des Menschen mit zunehmendem Alter weniger leistungs- und anpassungsfähig wird. Es kommt beim alten Menschen zu mikroskopisch faßbaren Änderungen im Aufbau von Zellen und Geweben.

4.2. Anschließend wird TB 5 "Zur Lage der älteren Generation" gelesen und diskutiert. Dabei sollte dem Schüler bewußt werden, daß Alter nicht nur mit Leistungsminderung

verbunden ist. Viele ältere Menschen sind
nicht weniger, sondern anders leistungsfähig.
Das Älterwerden hat auch positive Auswirkungen (Näheres siehe TB 5), die die negativen
durchaus ausgleichen können. Dieses alles kann
anhand des Lebens großer Persönlichkeiten der
Gegenwart bzw. der Vergangenheit nachgewiesen
werden:
Adenauer in der Politik,
Heisenberg und Hahn in der Wissenschaft,
Ewald Balser als Schauspieler,
Fontane und Goethe als Dichter.
Gerade auf dem Gebiet der Wissenschaft ist
für Spitzenleistungen vielseitiges Wissen und
großes Können erforderlich. Vor allem gilt
dies für die Theoriebildung (Heisenberg'sche
Weltformel). In der Forschung wird es auch in
Zukunft Höchstleistungen älterer Wissenschaftler geben.

4.3. TB 6 "Die christliche Botschaft vom Sinn
des Alters" wird bearbeitet. Es ergibt sich
folgendes:
4.3.1. Über 8 Millionen Menschen allein in
der Bundesrepublik Deutschland sind im Rentenalter.
4.3.2. Die Altersphase dauert häufig länger
als die Kindheits- und Jugendphase.
4.3.3. Dem älteren Menschen gegenüber gibt es
zu Unrecht ein Schablonendenken: hilfsbedürftig, unbeweglich, rückständig, schwerhörig,
weltfremd, verbittert usw.
4.3.4. Altwerden bedeutet für viele nur
Abstieg.
4.3.5. Dieses Schablonendenken führte dazu,
daß viele Angst vor dem Alter haben.

*2. Unterrichtseinheit*

*Thema:* **Lebensverlängerung**

*Allgemeine Einführung:*

Bei der Lebensverlängerungsforschung handelt es sich um zwei Teilgebiete, die klar unterschieden sind und im Unterricht auch deutlich getrennt werden sollten. Einmal geht es um das Bemühen, die physiologische Altersgrenze hinauszuschieben, und sodann darum, das individuelle Leben zu verlängern.

*Hinausschieben der physiologischen Altersgrenze:*

Beim Menschen gibt es eine natürliche Altersgrenze, die bei etwa 80 Jahren liegt. Nur sehr wenige werden wesentlich älter. Seit 1834 registriert man in England alle Todesfälle. Nur einmal wurde ein Mensch 109 Jahre alt.
Der Forschung ist es nicht gelungen, diese physiologische Altersgrenze hinauszuschieben. Der TB 7 "Lebenserwartung" macht deutlich, daß immer mehr Menschen diese Altersgrenze erreichen. Die Alterserwartung des jungen Menschen ist von 1880 über 1960 und weiter bis heute ganz erheblich gestiegen. Wie aus TB 7 hervorgeht, hatte ein 2jähriges Mädchen 1880 eine Lebenserwartung von 50,3 und 1960 schon eine von 72,3 Jahren. Die Lebenserwartung 80jähriger ist dagegen in diesem Zeitraum kaum gestiegen. Sie betrug 1880 4,2 Jahre und 1960 mit 5,7 Jahren auch nicht viel mehr.
Erreicht wurde die Steigerung der allgemeinen Lebenserwartung durch erfolgreiche Bekämpfung vieler Infektionskrankheiten, verbesserte

Hygiene, Präventivmedizin usw.
In den nächsten Jahrzehnten ist nicht zu erwarten, daß es gelingen wird, diese physiologische Altersgrenze merklich hinauszuschieben. Davon sollte im Religionsunterricht ausgegangen werden. Es stellt sich sogar die Frage, ob eine allgemeine Lebensverlängerung überhaupt wünschenswert ist. Schon mit der allgemeinen Steigerung der Lebenserwartung sind viele bis heute weitgehend ungelöste ethische, pastorale, medizinische, biologische, soziale und volkswirtschaftliche Probleme verbunden. Wieviel mehr solcher Probleme dann auf uns zukommen würden, wenn wir diese Altersgrenze hinausschieben könnten, ist heute noch völlig unbekannt (Näheres siehe G.-H. Neumann, 1976, S. 46 f.).


*Individuelle Lebensverlängerung:*

Weit erfolgreicher als beim Bemühen, die physiologische Altersgrenze hinauszuschieben, war die Wissenschaft im Kampf um die individuelle Lebensgrenze. Neue Technologien machen es in steigendem Maße möglich, das Leben des einzelnen zu verlängern. Der TB 8 "Aufgeschobener Tod" bringt teilweise erschütternde Beispiele dafür. Er sollte mit Schülern diskutiert werden, da der Inhalt jeden einzelnen mehr oder minder anspricht.
Muß Leben um jeden Preis verlängert werden? Die Auffassung der Deutschen Bischöfe dazu und zur Euthanasie allgemein ergibt sich aus TB 10 "Deutsche Bischöfe zur Euthanasie".


*Lebensverlängerung als Thema im Biologieunterricht:*

Über Lebensverlängerung einschließlich der Probleme im Zusammenhang mit der Euthanasie wird zur Zeit nur ganz vereinzelt im

Biologieunterricht gesprochen. Die beiden
Schulbücher für die Sekundarstufe II "Biologie" von Linder und "Der Organismus" von
Fels gehen auf das Thema überhaupt nicht ein.
Von den Büchern für die Sekundarstufe I finden sich nur in "Kennzeichen des Lebendigen"
Bd. 9/10 von Kattmann-Palm-Rüther einige Bemerkungen. Auf S. 201 heißt es:
"Ob der Arzt in bestimmten Fällen den Tod
herbeiführen darf, ist sehr umstritten. Das
Töten eines Menschen aus moralischen Beweggründen heißt Euthanasie (eu, griech.: gut;
thanatos: der Tod). Der Theologe Thielicke
meint, menschliches Leben sei durch das
menschliche Bewußtsein gekennzeichnet. Der
Mensch sei tot, wenn er sein Bewußtsein unwiederbringlich verloren hat. Den Restkörper
des ehemaligen Menschen dürfe man dann auch
zu Organverpflanzungen verwenden. Wann aber
dürfen wir einem menschlichen Körper das
Selbstbewußtsein absprechen? Thielicke selbst
verweist auf die Erfahrung Fritz von Bodelschwinghs, der noch bei tief Verblödeten
Äußerungen menschlicher Zuneigung spürte."
Der Religionslehrer kann also davon ausgehen,
daß das schülerrelevante Thema "Lebensverlängerung" zumindest im Biologieunterricht nicht
behandelt worden ist.


*Unterrichtsmedien:*

TB  7: Lebenserwartung
TB  8: Aufgeschobener Tod
TB  9: Anspruch auf menschenwürdiges Sterben
TB 10: Deutsche Bischöfe zur Euthanasie


*Zielsetzungen der Unterrichtseinheit:*

Der Schüler soll
Kenntnisse der naturwissenschaftlichen Lebensverlängerungsforschung besitzen;

wissen, daß es bei dem Bemühen um Lebensverlängerung primär um die Verlängerung des individuellen Lebens und nicht um das Hinausschieben der physiologischen Altersgrenze geht;

wissen, daß es der Wissenschaft nicht gelungen ist, die physiologische Altersgrenze hinauszuschieben;

darüber nachdenken, ob es überhaupt wünschenswert ist, die physiologische Altersgrenze hinauszuschieben;

wissen, daß, und begründen, warum immer mehr Menschen diese physiologische Altersgrenze erreichen;

erkennen, daß schon mit der Steigerung der Lebenserwartung des Neugeborenen viele ethische, pastorale, medizinische, biologische, soziale und volkswirtschaftliche Probleme verbunden sind;

nachdenken über Fragen, die mit der Verlängerung des individuellen Lebens um jeden Preis in Zusammenhang stehen;

die Auffassungen der Deutschen Bischöfe zum menschenwürdigen Sterben und zur Euthanasie kennen.

*Geplanter Verlauf der Unterrichtseinheit:*

1. Es wird herausgearbeitet, daß es bei der Lebensverlängerungsforschung um zwei Teilgebiete geht:

1.1. um das Bemühen, die physiologische Altersgrenze hinauszuschieben,

1.2. um die individuelle Lebensverlängerung.

2. TB 7 "Lebenserwartung" wird besprochen. Es ergibt sich:

2.1. Die Lebenserwartung der jungen Menschen ist in der Bundesrepublik Deutschland seit 1880 erheblich gestiegen. Verbesserung durch

Hygiene und durch neue chirurgische Techniken, erfolgreiche Behandlung vieler Infektionskrankheiten, Änderung der Ernährungsgewohnheiten und Vorsorgemedizin erreichten dieses.

2.2. Im Gegensatz zu 2.1. stieg die Lebenserwartung alter Menschen in den letzten 100 Jahren kaum an. Es gelang der Forschung nicht, die physiologische Altersgrenze merklich hinauszuschieben.

3. Einige ethische, pastorale, medizinische, biologische, soziale und volkswirtschaftliche Probleme im Zusammenhang mit einem möglichen Hinausschieben der physiologischen Altersgrenze sollten exemplarisch diskutiert werden.

4. Um dem Schüler bewußt zu machen, daß es dagegen in immer stärkerem Ausmaße möglich wird, das individuelle Leben zu verlängern, wird TB 8 "Aufgeschobener Tod" gelesen. Sein Inhalt wird unter dem Gesichtspunkt "menschenwürdiges Sterben" diskutiert.

5. Anhand von TB 9 "Anspruch auf menschenwürdiges Sterben" erfahren die Schüler die Auffassung und Lehre der Deutschen Bischöfe.

6. Anschließend wird das "Töten aus Mitleid" im unterrichtlichen Gespräch diskutiert. Die Stellungnahme der Kirche dazu und die Begründung der Bischöfe, weshalb Euthanasie abzulehnen ist, ergibt sich aus TB 10 "Deutsche Bischöfe zur Euthanasie".

*3. Unterrichtseinheit*

*Thema:* <u>Tod</u>

*Tod als Thema im Biologieunterricht:*

Die Oberstufenbände "Biologie" von Linder und "Der Organismus" von Fels behandeln das Thema "Tod des Menschen" überhaupt nicht. Die Schulbücher für die Sekundarstufe I gehen ebenfalls kaum auf die "Biologie des Todes" ein.
Nur in "Der Mensch" von Fels und in "Kennzeichen des Lebendigen Bd. 9/10" von Kattmann-Palm-Rüther wird wenigstens der Versuch unternommen, sich mit dem Tod zu beschäftigen. Das Werk "Der Mensch" behandelt das Thema auf S. 146 wie folgt:
"Der Tod. Wir wissen heute, daß der natürliche, d.h. nicht durch Unfall verursachte Tod stets am Versagen eines oder mehrerer Organe liegt. Man vermutet, daß verschiedene Ursachen daran beteiligt sind: Abnutzung der Zellen, ihr gestörtes Zusammenwirken, Mutationen in den Zellkernen, ein Schrumpfen des Bindegewebes, Anhäufung von Stoffwechselendprodukten, Veränderungen im Hormongefüge und anderes. Manche Krankheiten wie Krebs und schwere Kreislaufstörungen treten im Alter gehäuft auf.
Früher galt der Herzstillstand als Zeitpunkt für den Eintritt des Todes. Inzwischen sind aber zahlreiche Fälle bekannt, in denen man das Herz wieder zum Schlagen bringen konnte (Herzmassage, Elektrobehandlungen). Deshalb setzt sich heute die Auffassung durch, daß ein Mensch als tot gilt, wenn das Gehirn seine Tätigkeit eingestellt hat, wenn also das EEG keine Kurven mehr zeigt.
Der Mensch ist das einzige Lebewesen, das weiß, daß es sterben muß. Das unvermeidliche Ende unseres Lebens hat in den Kulturen aller

Völker seinen Niederschlag in Religion, Sitten und Riten sowie in künstlerischen Darstellungen gefunden. Wir können daraus entnehmen, wie stark zu allen Zeiten das Bewußtsein vom Ende des Lebens das Verhalten der Menschen geprägt hat. Andererseits finden wir in den Überlieferungen immer wieder Vorstellungen vom Tod als erstrebenswertem Endziel, das jedem einzelnen die Todeserwartung erleichtert."
Kattmann-Palm-Rüther diskutieren unter anderem die Grenze zwischen Leben und Tod auf S. 201:
"Wie schwer es ist, den Zeitpunkt des menschlichen Todes überhaupt anzugeben, zeigen folgende Tatsachen:
Noch lange nach dem Eintreten des Gehirntodes leben Gewebe und einzelne Zellen des Körpers. Haare und Fingernägel des Toten wachsen weiter. Der Gewebetod tritt erst ein, wenn mit der Verwesung der Leiche die letzten Zellen absterben.
Der nach dem Hirntod zurückbleibende Körper des Menschen kann durch künstliche Ernährung und Beatmung am Leben gehalten werden. Diesem Körper können Organe für Transplantationen entnommen werden.
Das Gehirn eines Menschen kann so geschädigt werden, daß er zwar noch selbständig atmet, sein Bewußtsein aber stark getrübt oder verlorengegangen ist. Der Körper zeigt dann häufig nur noch einige Reflexe.
1965 starb in England ein elfjähriges Mädchen, das mit fünf Jahren von einem Lastwagen überfahren worden war. Seit dem Unfall hatte es sechs Jahre lang ohne Bewußtsein in einem Krankenhaus gelegen. Ein Arzt urteilt über das Mädchen: 'Es konnte sich nicht mehr wie ein Lebender äußern. Alles war beschränkt auf ein gelegentliches eintöniges Knirschen.'
Kann der Biologe oder der Mediziner überhaupt einen festen Zeitpunkt angeben, an dem der

Tod des Menschen eintritt? Begründe deine
Meinung.
Sollte der Arzt einen schwer hirngeschädigten
Menschen wie im obigen Bericht das Mädchen
sterben lassen oder muß er ihn unter allen
Umständen am Leben erhalten?"

*Unterrichtsmedien:*

TB 11: Tod aus biologischer Sicht
TB 12: Texte von Teilhard de Chardin und
      Reinhold Schneider

*Zielsetzungen der Unterrichtseinheit:*

Der Schüler soll
begründen, weshalb es schwierig geworden ist,
eine exakte Todzeitbestimmung vorzunehmen;
einsehen, weshalb es notwendig ist, den Tod
eines Menschen möglichst exakt bestimmen zu
können;
wissen, daß nach Ansicht der Biologen Leben
nicht ausnahmslos mit Tod verbunden ist;
wissen, daß Tod aus biologischer Sicht Verfall von Struktur bedeutet;
wissen, daß auch aus biologischer Sicht beim
Menschen der Tod unweigerlich das Ende des
biologisch-faßbaren menschlichen Lebens ist;
begreifen, weshalb Unsterblichkeit keine biologische, sondern eine theologische Aussage
ist;
begründen, weshalb Unsterblichkeit nicht im
Widerspruch zur naturwissenschaftlichen Todesforschung steht.

*Geplanter Verlauf der Unterrichtseinheit:*

1. TB 11 "Tod aus biologischer Sicht" wird
besprochen. Es wird verdeutlicht:

1.1. weshalb es schwierig ist, eine exakte Todzeitbestimmung vorzunehmen und welche Zusammenhänge zwischen Transplantationschirurgie und Todzeitbestimmung bestehen;

1.2. das biologische Problem "der potentiellen Unsterblichkeit";

1.3. daß die Biologie im Tod den Zerfall von Struktur sieht.

2. Weshalb Unsterblichkeit eine theologische und keine biologische Kategorie ist und weshalb die biologische Todesforschung den christlichen Unsterblichkeitsglauben nicht in Frage stellen kann, wird diskutiert.

3. TB 12 "Texte von Teilhard de Chardin und Reinhold Schneider" wird gelesen. Eingegangen werden sollte auf die Unterschiede in den Auffassungen beider Autoren.

*Literaturangaben:*

Neumann, G.-H.: Naturwissenschaftliche Anthropologie vor ethischen Problemen, Reihe: MKR 4, Kevelaer 1976

Rensch, B.: Biologie, Bd. 2: Zoologie, Fischer-Lexikon 28, Frankfurt 1973

5.1. Textbögen zur Unterrichtsreihe III

TEXTBOGEN 1

*"Alter"* in *Biologiebüchern*

*1. Beispiel*

Unter den jährlichen Selbstmordopfern haben Menschen über 65 einen sehr hohen Anteil. Gründe für die Selbstmorde sind bedrückende Einsamkeit, Krankheit und auch wirtschaftliche Not. Der alte Mensch wird häufig nicht als vollwertiges Mitglied der Gesellschaft akzeptiert. Mit dem Ausscheiden aus dem Berufsleben muß der alternde Mensch soziale Funktionen aufgeben und wird in eine gesellschaftliche Randposition gedrängt. Vitalität und Arbeitsenergie wird nur der Jugend zugesprochen; Altern wird von vielen gleichgesetzt mit körperlichem und geistigem Verfall. Vor allen Dingen der alte Mensch selbst ist davon überzeugt. Die Todesfälle bei vorzeitig aus dem Arbeitsprozeß ausgegliederten Menschen sind häufiger als normal. Für diese alten Menschen hat mit der Aufgabe der Arbeit das Leben seinen Sinn verloren, und diese Überzeugung macht einige "lebensmüde". Ältere Menschen halten sich viel länger körperlich und seelisch gesund, wenn sie dauernd tätig bleiben, anstatt sich durch unnötige Schonung zu schwächen. Genau wie bei körperlich Behinderten und Geisteskranken bedarf es bei alten Menschen besonderer Maßnahmen, um sie aus der Isolation herauszuführen oder sie von vornherein gar nicht erst vereinsamen zu lassen. Nachbarschaftsheime, von denen aus körperlich behinderte Pensionäre und Rentner mit Einkäufen, Wäsche und Saubermachen versorgt werden, und Altenklubs für das gesellige Beisammensein sind hier als Beispiele zu nennen.

*(Aus: Linder-Hübler: Biologie des Menschen, Metzlersche Verlagsbuchhandlung, Stuttgart 1976, S. 248)*

*2. Beispiel*

"Im Jahre 1940 stürzte ein britischer Lokomotivführer aus dem Führerstand seiner Lok und fiel auf den Boden. Durch den Sturz erlitt er keinerlei äußere Verletzungen, doch wurde, wie er selbst meinte, alles um ihn herum sehr verschwommen. Der vierzigjährige Mann, zuvor von kräftiger Körperstatur, wurde in kurzer Zeit so schwach, daß er nicht einmal mehr allein essen oder sich selbst anziehen konnte. Er verlor sowohl sexuelles Verlangen als auch seine Potenz und fühlte sich wie ein alter Mann. Nach dem Unfall litt er eine Zeitlang unter Weinkrämpfen und schüttelfrostähnlichen Anfällen. Er war appetitlos und schlief sehr schlecht, wurde leicht reizbar und streitsüchtig. Dann fielen ihm die Haare aus, bis er schließlich sechs Monate nach seinem Unfall eine völlige Glatze bekam."
Einige Veränderungen, die an diesem Mann erfolgt sind (und über die G. Taylor in seinem Buch "Die Biologische Zeitbombe" berichtet), lassen sich mit Erscheinungen vergleichen, die man als Alterungssymptome bezeichnen kann. Der Mann ist offenbar in kurzer Zeit gealtert. Altern ist demnach nicht ausschließlich ein zeitbedingtes Phänomen. Das kann man auch aus anderen Beobachtungen schließen. Schwer vom Schicksal betroffene Menschen verändern ihr Aussehen und ihr Verhalten oft sehr schnell, ihre Haare werden grau und weiß, ihre körperliche Vitalität nimmt ab, und ihre geistige Spannkraft läßt nach - sie werden über Nacht alt. Ähnliche Veränderungen sind an manchen Menschen zu beobachten, die nach langer beruflicher Tätigkeit in den Ruhestand treten. Andererseits gibt es jedoch auch Beispiele dafür, daß Menschen bis ins hohe Alter hinein keine der typischen Alterserscheinungen zeigen.
Wie man sieht, sind die Anlässe für den Beginn der Alterungsprozesse sehr verschieden.

Trotzdem hat man gerade in letzter Zeit versucht, alle auf gemeinsame Ursachen zurückzuführen. Bei den Untersuchungen hat man festgestellt, daß die Masse einzelner Organe etwa vom 30. Lebensjahr an abnimmt, die Gehirnmasse z.B. von 1.375 g auf 1.030 g (mit 90 Jahren). Als Folgen dieses Substanzverlustes können die Verminderung des Denk- und Erinnerungsvermögens aufgefaßt werden. Auch andere Organe nehmen an Masse ab. Man hat den Substanzverlust darauf zurückgeführt, daß nicht mehr teilungsfähige Zellen in den Organen absterben. Es gibt jedoch noch keine Methode, die Zahl der absterbenden Zellen zu bestimmen, so daß diese Hypothese noch nicht bestätigt werden konnte.

*(Aus: Bruggaier-Kallus: Einführung in die Biologie. Biologie des Menschen, Verlag Moritz Diesterweg, Frankfurt/M. 1973, S. 215-216)*


*3. Beispiel*

Altern des Menschen
Alter und Tod sind die Folge von Abnutzungsvorgängen, denen unser Körper dauernd unterworfen ist. Viele Abnutzungserscheinungen sind mengenmäßig meßbar. Man kann sie nicht unterbinden, aber verlangsamen. Einige wichtige Vorgänge, die den Körper 'jeden Tag ein wenig sterben lassen', seien hier genannt:

1. Das Gewicht der Muskeln des menschlichen Körpers nimmt zwischen 30 und 90 Jahren um etwa 30 % ab (daher verminderte Kraftleistungen).

2. Die Anzahl der Nervenfasern in den Nervensträngen verringert sich in der gleichen Zeit um etwa 1/4; das Gewicht des Gehirns sinkt von im Mittel 1.375 Gramm auf etwa 1.030 Gramm, da absterbende Nervenzellen nicht erneuert

werden (Abnahme der geistigen Fähigkeiten, vor allem des Gedächtnisses).

3. Die Nervenfasern alter Leute leiten Impulse (Nachrichten) um etwa 15 % langsamer als die junger Menschen. Dadurch verlängert sich naturgemäß die Reaktionszeit (Bedeutung im Straßenverkehr).

4. Die Zahl der Ausscheidungseinheiten der Nieren nimmt beinahe um die Hälfte ab (sinkt also von rund 1 Million auf fast 500 000). Die Folge davon ist, daß im Alter Giftstoffe viel langsamer aus dem Körper entfernt werden als in der Jugend (z.B. verlängerte Katerstimmung nach erhöhtem Alkoholgenuß).

5. In der Jugend sind in jeder Papille der Zunge durchschnittlich 245, mit 90 Jahren nur noch 88 Geschmackszellen vorhanden. Die Schmeckfähigkeit läßt daher mit dem Alter stark nach (ältere Menschen lieben deshalb stark gewürzte Speisen).

6. Die durch das Herz in den Körper gepumpte Blutmenge beträgt in der gleichen Zeit bei einem Neunzigjährigen nur noch die Hälfte eines Zwanzigjährigen.

7. Der Leistungsabfall der Lungen bei alten gegenüber jungen Leuten steigt auf über 50 %.

(Aus: Garms: Lebendige Welt, Biologie 2 für die Sekundarstufe I, ab 7. Schuljahr, Best.-Nr. 11 1691, Westermann Verlag, Braunschweig 1977, S. 90-91)

# TEXTBOGEN 2

*Merkmale des Menschen in verschiedenen Lebensaltern*

(Zusammengestellt von einer Klasse 4 im November 1975)

Baby

Das Baby ist noch hilflos und sehr empfindlich; man muß sehr sauber sein und es vorsichtig behandeln.
Was es schon kann?
Es schreit, wenn es Hunger hat, krank ist, die Windel naß ist.
Es trinkt, denn es muß Nahrung aufnehmen, damit es wachsen kann.
Es lacht, und daran merken die Eltern, daß es sehen und hören kann.
Es krabbelt und greift; daran merkt man, daß die Muskeln kräftiger werden und das Baby selbständiger wird.
Was es nicht kann?
Es kann nicht laufen, denn die Knochen sind noch weich, die Muskeln schwach.
Es muß viel und gerade liegen, damit die Wirbelsäule sich nicht verbiegt.
Es kann noch nicht essen, weil es keine Zähne hat.
Es kann noch nicht sprechen; einzige Ausdrucksmöglichkeit ist schreien oder lachen.
Es kann Blase und Darm noch nicht kontrollieren.

Schulkind

Es ist größer und stärker als das Baby, aber noch nicht ausgewachsen.
Was es schon kann?
Es kann aufrecht gehen, laufen, radfahren, weil seine Knochen härter und seine Muskeln kräftiger sind.

Es kann lesen, schreiben, rechnen, singen, malen, flöten und geschickt arbeiten.
Es kann allein essen, weil es Zähne hat und seine Bewegungen geschickter werden.
Es macht nicht mehr in die Hose, weil es Blase und Darm kontrollieren kann.
Was es nicht kann?
Es kann nicht alle sportlichen Rekorde schaffen, denn Herz, Lunge und Muskeln sind noch nicht voll entwickelt.
Es kann noch keine Kinder bekommen, denn die Geschlechtsorgane sind noch nicht entwickelt.
Da es noch lernen muß, kann es noch nicht berufstätig sein und keine Verträge unterschreiben.

Junger Erwachsener

Er ist ausgewachsen; Männer haben einen Bart, Frauen einen Busen; sie können Eltern werden.
Der junge Erwachsene hat gute Augen, farbige, volle lange Haare, glatte Haut, weiße Zähne, aufrechte Haltung, gepflegte Hände.
Man ist mit 18 Jahren volljährig, darf Auto fahren, muß arbeiten, verdient Geld, ist wahlberechtigt und für Straftaten voll verantwortlich.

Alter Erwachsener

Haut wird schrumpelig, faltig, welk.
Knochen werden spröde, brechen leicht, heilen schwer.
Rücken krumm, Haltung gebeugt; Bewegung langsamer, Muskelkraft läßt nach.
Haare werden weiß, man braucht Brille, Hörgerät; Zähne werden gelb, krank.
Man kann nicht mehr arbeiten, bekommt Rente, hat viel Zeit.

*(Aus: L. Schlegel: Menschen, Tiere, Pflanzen altern, in: Unterricht Biologie, Heft 4, Friedrich Verlag Velber, Seelze 1976, S. 13)*

TEXTBOGEN 3

*Lebenslauf eines Menschen*
(Hausarbeitsergebnisse von Grundschülern)

Olaf: Der Mensch

Das Baby hat noch weiche Knochen, der Schädel ist noch nicht zugewachsen. Es muß gerade liegen, damit sich nicht die Wirbelsäule verbiegt. Das Schulkind ist jetzt leistungsfähig. Die Knochen sind zugewachsen, es kann laufen, springen. Was das Baby nicht konnte, kann das Schulkind meistens gut. Der junge Erwachsene kann jetzt alles, wie z.B. Auto fahren, eine Familie gründen.
Der alte Erwachsene hat Falten im Gesicht, trägt eine Brille, hört schlechter, hat verschiedene Leiden, die Haltung ist gebeugt.

Jörg: Lebenslauf eines Menschen
(Darstellung in Form einer Treppe)

```
 0 Jahre  Er wird geboren
 1 Jahr   Er ist ein Kleinkind
 6 Jahre  Er kommt zur Schule
14 Jahre  Er darf Geld verdienen
18 Jahre  Er ist volljährig
25 Jahre  Er heiratet
35 Jahre  Er lebt noch 35 Jahre
40 Jahre  Er hat seine beste Leistung
50 Jahre  Seine Leistung sinkt
60 Jahre  Er hört auf zu arbeiten
70 Jahre  Seine Kraft läßt nach
80 Jahre  Er braucht Hilfe
Er stirbt 0 bis 110 Jahre
```

(Aus: *L. Schlegel: Menschen, Tiere, Pflanzen altern, in: Unterricht Biologie, Heft 4, Friedrich Verlag Velber, Seelze 1976, S. 14*)

## TEXTBOGEN 4

*Arbeitstexte aus einem Unterrichtsmodell zum Thema "Biologie des Alterns" für die Sekundarstufe II*

*Text 1:* Erkundungsgespräch

*Text 2:*

Der Alternde irrt durch die kulturellen Zeichen der Epoche

Des Alternden kulturelle Alienation ist nicht anders zu deuten als durch die Schwierigkeit, sich in einer unbekannten Ordnung von Zeichen, ja unter ganz neuen Signalen zurechtzufinden. So wie der Autofahrer, der zum erstenmal England bereiste, als die Verkehrszeichen noch nicht überall den kontinentalen angeglichen waren, jede Sicherheit verlor und nur langsam, im Gefühl der Beklemmung vorankam, so irrt der Alternde durch die kulturellen Zeichen der Epoche. Ein bis zur Hälfte entblößter weiblicher Oberschenkel hat für A, wenn sie sich durch die Mode dieser Saison verstört fühlt, immer noch die Bedeutung, die er in ihrer Jugend gehabt hat: provokativ sich einbekennende erotische Bereitschaft und demnach - wieder nach der Zeichensyntax von damals - Indezenz. Im System der Gegenwart aber sind die Zeichen anders angeordnet. Der nackte Oberschenkel ist kein erotisches Bereitschaftsbekenntnis mehr; dieses seinerseits ist nicht mehr Provokation; und Provokation kann nicht länger dem Begriff der Indezenz zugeordnet werden. Was man nämlich den Sinn eines Zeichens nennt, ist vielleicht nicht unbedingt das Bezeichnete, sondern eher die Beziehung eines Zeichens zu anderen, und das sinnvolle System besteht in den Relationen eines jeden Signums zu jedem.

(Aus: Jean Améry: Über das Altern, Ernst
Klett Verlag, Stuttgart ³1971, S. 90)

Text 3: Das subjektiv erlebte Altern

Text 4: Psychische Veränderungen

Text 5: Was ist senile Demenz?

Text 6: Der senile Kant

Text 7: Langzeit- und Kurzzeitgedächtnis

Quelle: K. Holst: Oft verändern sich alte
Leute auch geistig, in: Unterricht Biologie,
Heft 4, Friedrich Verlag Velber, Seelze 1976,
S. 41-47.

## TEXTBOGEN 5

*Zur Lage der älteren Generation*

Mediziner, Psychologen, Sozialwissenschaftler und Praktiker kamen bei Beratungen zu dem Thema "Der ältere Mensch in der Gesellschaft" vor der Kommission "Weiterentwicklung der sozialen Sicherung" der CDU-CSU-Bundestagsfraktion zu folgenden Ergebnissen:

Altern steht nur in einem losen Zusammenhang mit der geistigen Leistungsfähigkeit. Schulbildung und die Möglichkeit zur Weiterbildung sind wesentlich bestimmendere Faktoren als das Alter.

Ältere Menschen sind nicht weniger, sondern anders leistungsfähig. Die positiven Auswirkungen des Älterwerdens - größere Erfahrung, vertiefte Fachkenntnisse, höheres Arbeitsinteresse, größere Einsatzbereitschaft, Beständigkeit, Selbständigkeit und andere - übertreffen bei weitem die negativen Auswirkungen, wie zum Beispiel die Möglichkeit, sich veränderten Umständen (schnell) anzupassen.

Ältere Menschen wollen oft weiter arbeiten, Voraussetzung sind jedoch entsprechende Beschäftigungsmöglichkeiten. Eine flexible Altersgrenze allein löst weder die Probleme der noch Arbeitenden wie die der schon Pensionierten. Nach amerikanischen Untersuchungen äußerten drei Viertel der Arbeiter nach Beginn des Ruhestandes den Wunsch, wieder einen Beruf auszuüben.

Detaillierte Informationen über ältere Arbeitnehmer, ihre Lage und ihre Wünsche fehlen fast vollständig.

Ein "Vierteljahrhundert Alters-Freizeit" will sinnvoll genutzt werden. Vorbereitungskurse

auf das Alter sind ebenso notwendig wie die
Möglichkeit zu zeitlich beschränkten Arbeiten
und altersgerechter Fortbildung.

*(Aus: Adolf Müller - Remscheid, MdB: Das Alter
auf dem Abstellgleis?, in: Nr. 15 der Schriftenreihe "Sonderdrucke", hrsg. vom Presseamt
des Erzbistums Köln, $^{6}$1975)*

TEXTBOGEN 6

*Die christliche Botschaft vom Sinn des Alters*

Liebe Brüder und Schwestern im Herrn!
Am Feste der Heiligen Familie habe ich mich Jahr für Jahr an die Gläubigen unseres Bistums gewandt und über die Vorbereitung auf die Ehe, über den Wert der Familie, über die eheliche Liebe und Treue, über den Schutz des ungeborenen Lebens und über die Familie als "kleine Kirche" gesprochen. Heute wähle ich ein Thema, das immer mehr an Bedeutung gewinnt. Mein Hirtenwort soll von den altgewordenen Menschen handeln; aber es richtet sich nicht nur an die alten Leute, sondern an alle: auch an die Kinder und Jugendlichen, auch an die Männer und Frauen in den besten Jahren.

In unserer Gesellschaft hat das Alter den Seltenheitswert verloren. Wir zählen in der Bundesrepublik 8.866.300 Menschen, die älter als 65 Jahre sind, darunter 1.292.300 Greise im Alter von mehr als 80 Jahren und 430.800 Männer und Frauen, die das 85. Lebensjahr bereits überschritten haben. 96.400 Bundesbürger sind älter als 90 Jahre. (Vergleiche Statistisches Jahrbuch 1976 für die Bundesrepublik Deutschland, S. 58.) Das Alter als dritte Lebensstufe umfaßt heute im Durchschnitt 20 bis 30 oder noch mehr Lebensjahre, dauert also länger als Kindheit und Jugend.

Eigentlich gibt es "die alten Menschen" nicht, denn das Alter hat viele Gesichter. Ungleich ist der Gesundheitszustand und das Lebensschicksal, ungleich das Einkommen, die Lebensweise und die Lebensstimmung der alten Leute. Viele 70jährige sind noch rüstig, und es gibt 50jährige, die schon alt und hinfällig sind. Zahlreiche ältere Menschen leben zwar im sogenannten Ruhestand, sind aber keineswegs arbeitslos, sondern mit vielen und wichtigen

Aufgaben betraut. Manche Großeltern sagen: "i.R." bedeutet: "in Rufweite". Andere sind zwar körperlich hinfällig, haben aber strahlende Augen und sind geistig lebendig und voller Schwung. Erst recht bedeutet das Großvater- oder Großmuttersein nicht zugleich ein Altsein. Es gibt Großeltern, die noch keine 50 Jahre alt sind.

*Gängige Schablonen*

Erstaunlicherweise hat sich die heute herrschende öffentliche Meinung ein seltsam-verzerrtes Bild vom Alter gemacht. Man preßt die altgewordenen Menschen in die Schablone: abgebaut, hilfsbedürftig, unbeweglich, rückständig, schwerhörig, gedächtnisgestört, kontaktarm, weltfremd, dem Leben nicht mehr gewachsen, verkrampft, mißtrauisch, verbittert, unnütz.

Folgende Gründe dürften zu dieser Karikatur geführt haben: In der öffentlichen Meinung gilt das Jungsein als die Norm des Menschen schlechthin, das Altsein jedoch als Abfall von dieser Norm, als Abstieg, als ein Bündel von Ausfallerscheinungen - und nicht als eine Lebensstufe mit eigenem Wert und Sinn. Jungsein gilt als Glück, Altern als Mißgeschick. Man will zwar lange leben, aber nicht alt werden. Deshalb wird fast alles auf die Bedürfnisse, die Ansichten und das Aussehen der jungen Generation abgestellt, nicht nur im Sport, sondern auch im Konsum, in der Mode und in der Werbung. Leitbild ist die ewige Jugend für die Frau und die ewige Spannkraft für den Mann. Schlimmer ist, daß manche in den alten Menschen unproduktive Mitesser und Vermehrer der Soziallasten sehen. Auch werden nicht selten Einzelerscheinungen in unzulässiger Weise verallgemeinert.

Kein Wunder, daß viele Menschen dem Alter mit Angst und Schrecken entgegensehen. Sie versuchen, krampfhaft jung zu bleiben; und wenn sie dann vom Alter überrascht werden, starren sie wie gebannt auf die Jüngeren und stehen dem Altwerden ungetröstet und innerlich arm gegenüber.

*(Aus: Kardinal Joseph Höffner: "Die christliche Botschaft vom Sinn des Alters", Nr. 29 der Schriftenreihe "Sonderdrucke", hrsg. vom Presseamt des Erzbistums Köln, $^6$1975)*

TEXTBOGEN 7

*Lebenserwartung*

| Voll-<br>endete<br>Lebens-<br>jahre | Weibliche<br>Personen | | | Männliche<br>Personen | | |
|---|---|---|---|---|---|---|
| | 1880 | 1930 | 1960 | 1880 | 1930 | 1960 |
| 1 | 48,1 | 66,4 | 73,2 | 46,5 | 64,4 | 68,5 |
| 2 | 50,3 | 66 | 72,3 | 48,7 | 64 | 67,6 |
| 5 | 51 | 63,6 | 69,5 | 49,5 | 61,7 | 64,9 |
| 10 | 48,2 | 59,1 | 64,7 | 46,5 | 57,3 | 60,1 |
| 15 | 44,1 | 54,4 | 60 | 42,4 | 52,7 | 55,2 |
| 20 | 40,2 | 49,8 | 54,9 | 38,5 | 48,2 | 50,7 |
| 25 | 36,5 | 45,4 | 50,1 | 35 | 43,8 | 46 |
| 30 | 33,1 | 41 | 45,3 | 31,4 | 39,5 | 41,4 |
| 35 | 29,7 | 36,7 | 40,5 | 27,9 | 35,1 | 36,8 |
| 40 | 26,3 | 32,3 | 35,9 | 24,5 | 30,8 | 32,2 |
| 45 | 22,8 | 28 | 31,3 | 21,2 | 26,6 | 27,7 |
| 50 | 19,3 | 23,8 | 26,8 | 18 | 22,5 | 23,6 |
| 55 | 15,9 | 19,8 | 22,4 | 15 | 18,7 | 19,3 |
| 60 | 12,7 | 16,1 | 18,3 | 12,1 | 15,1 | 15,7 |
| 65 | 10 | 12,6 | 14,4 | 9,5 | 11,9 | 12,5 |
| 70 | 7,6 | 9,6 | 10,9 | 7,3 | 9 | 9,7 |
| 75 | 5,7 | 7,1 | 8 | 5,5 | 6,7 | 7,2 |
| 80 | 4,2 | 5,1 | 5,7 | 4,1 | 4,8 | 5,2 |
| 85 | 3,1 | 3,7 | 4 | 3 | 3,5 | 3,7 |
| 90 | 2,4 | 2,7 | 3 | 2,3 | 2,6 | 2,6 |
| Zusammen | 38,4 | 62,8 | 71,9 | 35,6 | 59,9 | 66,7 |

(Aus: H.H. Falkenhan (Hrsg.): Handbuch der
praktischen und experimentellen Schulbiologie,
Bd. 3, Aulis Verlag Deubner, Köln 1970,
S. 177, nach: Statistisches Jahrbuch für die
Bundesrepublik Deutschland, hrsg. vom Stati-
stischen Bundesamt, Wiesbaden)

TEXTBOGEN 8

*Aufgeschobener Tod*

Im Jahre 1966 starb ein kleines Mädchen von elf Jahren in einem Krankenhaus in Liverpool. Sechs Jahre zuvor, mit fünf, wurde es von einem Auto überfahren. Während all dieser Jahre hatte ein Team erfahrener Leute die lebensnotwendigen Funktionen mit Ausnahme des Bewußtseins aufrechterhalten. Schließlich mißlangen die kostspieligen Anstrengungen, die Folgen der Körperschwächung hinzuhalten, und das Mädchen "starb".

Ein Jahr vorher hatte ein Meuchelmörder dem algerischen Außenminister, Herrn Khemisti, den Kopf durchgeschossen. Die Atmung versagte, und das Gehirn erlitt eine irreversible Schädigung durch Sauerstoffmangel. Später im Krankenhaus wurde Khemisti für klinisch tot erklärt. Man schloß ihn trotzdem an eine Herz-Lungen-Maschine an, seine Körperfunktionen kamen einigermaßen wieder in Gang - zumindest setzte keine Verwesung ein - und er "lebte" noch drei weitere Wochen und trotzte dem Ruf des Todes.

Der russische Nobelpreisträger Lev Landau "starb" viermal an der Herz-Lungen-Maschine, nachdem er bei einem Autounfall schwer verletzt worden war. Nach beinahe viermonatiger Bewußtlosigkeit war er schließlich wieder zu einem Wesen hergestellt, das einem Gesunden ähnelte, obwohl berichtet wird, daß seine geistigen Fähigkeiten sehr beeinträchtigt waren.

Solche Vorfälle werden mit Sicherheit alltäglicher, und die Zeitspanne bei dem Aufschub des Todes verlängert sich mehr und mehr. Was wir hier sehen, ist das frühe Stadium einer Entwicklung, die dazu führt, Menschen, die früher an Verletzungen gestorben wären, beliebig lange am Leben zu erhalten. Die Herz-Lungen-Maschine ist nur eine Waffe aus dem Arsenal. Große Bluttransfusionen retten jene, die sonst an Blutverlust gestorben wären. Intravenöse Nahrung erhält Patienten am Leben, die im Koma (tiefe, andauernde Bewußtseinsstörung) liegen und sonst verhungern würden. Bei manchen Autounfällen und häufig bei Motorradunfällen werden die Nervenstränge zum Gehirn durch die plötzliche Geschwindigkeitsverminderung bei einem Zusammenstoß durchschnitten. Das Opfer hat sich sozusagen das Genick gebrochen, obwohl die Wirbelsäule und die Muskeln noch in Ordnung sein können. Solche Menschen sind über drei Jahre lang am Leben erhalten worden. Da die Nerven zu den Augen- und Gesichtsmuskeln nicht durchtrennt wurden, können diese Patienten oft noch zwinkern, ihre Augen verdrehen und andere Lebenszeichen von sich geben. Sie sterben häufig an Schwächezuständen - es ist schwierig, bei den bewegungslosen Patienten den Stuhlgang aufrechtzuerhalten, und die Muskeln verlieren im allgemeinen ihre Spannkraft. Durch elektrische Stimulation wird man diese Schwierigkeiten wahrscheinlich überwinden können, und bald wird es möglich sein, solche Menschen lebend auf unbegrenzte Zeit, vielleicht sogar für immer, in ihrem Gefängnis "aufzubewahren". Im günstigsten Falle verspüren sie eine verzweifelte Langeweile und kommen sich unnütz vor, im ungünstigsten Fall durchleben sie eine Art Hölle. Ihr unvollständig gereinigtes Blut kann - obwohl es niemand wirklich weiß - enorme Kopfschmerzen oder tiefe Depressionen hervorrufen. Sie können Schmerzen erleiden, die von verschiedenen Körperteilen auszugehen scheinen, die aber ihre Ursache in den geschädigten Nervenendigungen haben. Wenn sie in

das Koma verfallen, werden sie vielleicht -
niemand weiß das genau - von Angstträumen und
Wahnzuständen geplagt. Ihr Leben aber dennoch
zu beenden wäre ein Verbrechen, eigentlich
sogar Mord.

(Aus: Gordon R. Taylor: Die Biologische Zeitbombe, © 1968 Gordon Rattray Taylor, Deutsche Ausgabe, © 1969 S. Fischer Verlag GmbH, Frankfurt/M.)

TEXTBOGEN 9

*Anspruch auf menschenwürdiges Sterben*

Anspruch auf ein menschenwürdiges Sterben
kann ... bedeuten, daß nicht alle medizinischen Mittel ausgeschöpft werden, wenn dadurch der Tod künstlich hinausgezögert würde.
Dies trifft beispielsweise zu, wenn durch
ärztliche Maßnahmen, durch eine Operation
etwa, das Leben zwar geringfügig verlängert
wird, jedoch mit der Not und Last, daß der
Kranke trotz der Operation unter schwersten
körperlichen oder geistigen Störungen leidet.
In dieser Situation ist die Entscheidung des
Kranken, sich einer Operation nicht mehr zu
unterziehen, sittlich zu achten.
Es gibt heute auch medizinisch-technische
Möglichkeiten, die uns vor neue Fragen stellen. Sind wir von unserer sittlichen Verantwortung her gehalten, einen Patienten, um ein
Beispiel zu nennen, beliebig lange an eine
Herz-Lungen-Maschine anzuschließen, um ihn
dadurch künstlich am Leben zu erhalten? Solange die Aussicht besteht, daß auf diese
Weise der Schwerkranke wieder gesunden kann,
werden wir alle derartigen Mittel einsetzen
müssen, und es ist Aufgabe des Sozialstaates,
dafür zu sorgen, daß auch kostspielige Apparaturen und aufwendige Medikamente für alle,
die ihrer bedürfen, zur Verfügung stehen.
Anders liegt der Fall, wenn jede Hoffnung auf
Besserung ausgeschlossen ist und die Anwendung besonderer medizinischer Techniken ein
vielleicht qualvolles Sterben nur künstlich
verlängern würde. Wenn der Patient, Angehörige und Ärzte unter Abwägung aller Umstände
von außergewöhnlichen Maßnahmen und Mitteln
absehen, kann man ihnen nicht die Anmaßung
eines unerlaubten Verfügungsrechtes über
menschliches Leben vorwerfen. Für den Arzt
setzt dies freilich voraus, daß er vorher die

Zustimmung des Patienten oder, wenn dies nicht mehr möglich ist, der Angehörigen eingeholt hat. In dieser Entscheidung wird die Sterblichkeit des Menschen und die seinem Leben von Gott gesetzte Frist geachtet.

*(Aus: Hirtenbrief der Deutschen Bischöfe: Das Lebensrecht des Menschen und die Euthanasie, 1975)*

## TEXTBOGEN 10

*Deutsche Bischöfe zur Euthanasie*

*Euthanasie ist nicht Sterbehilfe, sondern absichtliche Tötung.*
Wir müssen also alles tun, um jedem Menschen ein menschenwürdiges Sterben zu ermöglichen und zu erleichtern. Aber ebenso müssen wir die Euthanasie als absichtlich herbeigeführte, vorzeitige Beendigung des menschlichen Lebens ablehnen. Denn hier handelt es sich nicht mehr um Hilfe beim Sterben, um Erleichterung des Sterbens, sondern um die Tötung eines Menschen.
Es mehren sich heute die Stimmen, die eine direkte Verfügung über das eigene Leben und die Tötung auf Verlangen unter Umständen als sittlich vertretbar ansehen. Man fragt, ob der Patient, der unheilbar krank ist und unter qualvollen Schmerzen leidet, nicht die Abkürzung seiner Sterbephase verlangen dürfe. Dagegen muß gesagt werden: Der Mensch hat kein derartiges Verfügungsrecht über sein eigenes Leben. Sicherlich hat er Anspruch auf die Linderung seiner Schmerzen; aber er ist nicht Herr über Leben und Tod. Selbst derjenige, der sich in seinem Gewissen nicht an Gott gebunden hält, wird zugeben, daß die Verfügung über das eigene Leben in Widerspruch zu einer Wertordnung steht, die auf der unbedingten Achtung vor dem Leben gründet.
Ebenso schwerwiegend ist, daß es sich bei der Euthanasie nicht nur um eine angemaßte Verfügung des Kranken über das eigene Leben handelt, sondern daß die Tötung anderer Menschen zugemutet wird. Der Grundpfeiler der Rechtsordnung, daß nämlich kein Mensch über das Leben eines anderen Menschen verfügen kann, würde im Falle der Euthanasie aus den Angeln gehoben. Daran ändert sich auch nichts durch die Forderung, ein solcher Eingriff dürfe nur

mit Wissen und Willen des Schwerkranken erfolgen. Man darf auch nicht einwenden, es sei nur ein gradueller Unterschied zwischen dem Verzicht auf die Anwendung außergewöhnlicher medizinischer Mittel und der Verabreichung einer den Tod herbeiführenden Spritze, zwischen einer großen und einer noch etwas größeren Dosis schmerzstillender Mittel. Zwischen Sterbenlassen und Töten bleibt ein wesentlicher Unterschied, ganz gleich, welche Dosis schmerzstillender Mittel angewandt wird...

*Warnung vor unabsehbaren Folgen*
Diejenigen, die sich für die Straffreiheit der Tötung auf Verlangen einsetzen, pochen auf die im Grundgesetz garantierte Gewissensfreiheit und werfen der Kirche vor, sie zeige einer weltanschaulichen Minderheit gegenüber nicht genügend Toleranz. Gewissensfreiheit bedeutet jedoch nicht, daß das Gewissen nicht an eine Wertordnung gebunden ist. Der Einzelne hat, wie auch das Grundgesetz in Art. 2 feststellt, das Recht auf freie Entfaltung seiner Persönlichkeit nur soweit, als er damit nicht die Rechte anderer verletzt und nicht gegen die verfassungsmäßige Ordnung oder das Sittengesetz verstößt. Die Erfahrung zeigt, daß eine einzige weiche Stelle in der Grundhaltung der Achtung vor dem Menschenleben genügt, um einer Lawine von Unmenschlichkeit den Weg zu öffnen. Wir müssen das Problem der Euthanasie sehr ernst nehmen und dürfen nicht zulassen, daß die öffentliche Meinung sie verharmlost, auch nicht daß Einzelne oder gewisse Gruppen dort wieder mit dem Schlagwort der Humanisierung arbeiten, wo es sich in Wahrheit um die Zersetzung der Menschlichkeit handelt. Jede Aufweichung des sittlichen und rechtlichen Bewußtseins in dieser Frage würde weitreichende Folgen nach sich ziehen.
Diese Folgen würden zunächst die Kranken

treffen. Die Begründung, die Tötung auf Verlangen rechtfertigen soll, nämlich der Schmerz und die unheilbare Krankheit, würde schon sehr bald auf den gefühlsmäßigen Zustand der Hoffnungslosigkeit ausgeweitet. Ein Schwerkranker fühlt sich nicht selten von dem Verlangen bedrängt, seinem als hoffnungslos empfundenen Zustand möge ein Ende bereitet werden. Von hieraus ist es dann nunmehr ein kleiner Schritt, bis man auch den psychisch Kranken ein solches "Recht" einräumen wird, von dem er in einer Kurzschlußhandlung dann Gebrauch macht. Wir wissen, daß dieselben Menschen, die in einer scheinbar ausweglosen Situation ihr Leben für gering achten, oft nach Überwindung dieser Situation wieder am Leben hängen. Für diejenigen freilich, denen die Gesellschaft den "Wunsch" nach Tötung in einem solchen Fall erfüllt hätte, gäbe es kein Morgen mehr, keine neue Chance für Leben und Glück. Wo liegt also die Grenze für eine verantwortbare und für eine unverantwortbare Euthanasie? Es gibt keine solche Grenze!
Die Euthanasie würde auch das Gewissen des Arztes und des Pflegepersonals in unerträglicher Weise belasten und das Verhältnis von Arzt und Patient radikal verändern. Die Erhaltung und Wiederherstellung der Gesundheit ist das oberste Gebot des ärztlichen Handelns. Dieser Dienst am Leben schließt es aus, daß der Arzt zu einem Befehlsempfänger für das Töten auf Verlangen erniedrigt wird oder sich selbst dazu bereitfindet. Ein derartiges Tun müßte sich auf das Vertrauensverhältnis zwischen Arzt und Patient unheilvoll auswirken, denn der Arzt würde nicht mehr ausschließlich dem Leben dienen, sondern zugleich ein Gehilfe des Todes sein. Daran könnte auch die Vorsichtsmaßnahme wenig ändern, die das Einschreiten des Arztes an eine schriftliche Ermächtigung des Patienten binden will. Überdies wäre einer verhängnisvollen Manipulation Tür und Tor geöffnet. Denn auch wenn

der Wunsch zu sterben schriftlich oder vor Zeugen vom Patienten bekundet werden müßte, welchem seelischen Druck wäre ein hilflos Kranker ausgesetzt, der spürt, daß seine Umgebung ihn abgeschrieben hat und auf seine Bitte um Tötung wartet. Ja, es würde genügen, einen empfindsamen Kranken fühlen zu lassen, daß er seiner Umgebung zur Last fällt, um ihn zu einer solchen Tötungsbitte zu bewegen.

*(Aus: Hirtenbrief der Deutschen Bischöfe: Das Lebensrecht des Menschen und die Euthanasie, 1975)*

# TEXTBOGEN 11

*Tod aus biologischer Sicht*

So wie es den biologischen Wissenschaften nicht möglich ist, die Frage nach dem Beginn des individuellen menschlichen Lebens zu bestimmen, so können auch keine exakten Aussagen über den Zeitpunkt des Todes eines Lebewesens gemacht werden.
In der Medizin wird heute vielfach zwischen dem klinischen, reversiblen und dem biologischen, irreversiblen Tod unterschieden. Diese Unterscheidung ist eine weitgehend pragmatische.
Das Aufhören der Herzfunktion kann nicht in jedem Falle als Todeskriterium angesehen werden. Ja, es ist sogar möglich, daß ein Mensch irreversibel tot ist, dessen Herz noch schlägt. Nach Unfällen mit Kopfverletzungen kann das Elektroenzephalogramm keine Ausschläge mehr zeigen, während durch stützende Maßnahmen der Kreislauf noch nicht zusammengebrochen ist. Daher hat 1966 die Medizinische Akademie Frankreichs entschieden, daß auch im Falle des Nachweises einer Herzfunktion ein Mensch für tot erklärt werden kann.
Die Frage nach der Todzeitbestimmung muß in Zusammenhang mit den Möglichkeiten der Transplantationschirurgie gesehen werden.
Neben der Todzeitbestimmung wird gegenwärtig heftig die Frage diskutiert, ob das Leben ausnahmslos mit dem Tod verbunden ist. Die Biologie neigt dazu, diese Frage zu verneinen. Sie spricht von potentieller Unsterblichkeit lebender Substanz, die sich auf verschiedenen Wegen erweisen läßt. "Bei optimalen Lebensbedingungen vermehren sich viele Einzeller lediglich ungeschlechtlich. Von Pantoffeltierchen (Paramaecium) konnte I. L. Woodruff (1914) in jahrelangen Zuchtversuchen durch jeweiliges Umsetzen in

frische Nährlösung mehr als 8000 Generationen züchten, die lediglich durch Zweiteilung entstanden. Das Ende eines Lebewesens bedeutete also nicht den Tod, sondern nur die Fortsetzung des Lebens in zwei Individuen. Aber auch für einzelne Individuen konnte die potentielle Unsterblichkeit gezeigt werden. So konnte bei Amöben, Polypen und Strudelwürmern (Stenostomum) durch wiederholt veranlaßte Regenerationen ein langfristiges Fortleben eines Individuums erzielt werden. Das künstliche Verkleinern der Tiere bedeutete also jeweils eine Verjüngung.
Nicht weniger eindeutig konnte die potentielle Unsterblichkeit durch das Züchten lebender Gewebe in Kulturflüssigkeiten (in vitro) gezeigt werden. A. Carrell züchtete embryonale Herzzellen (Fibroblasten) eines Huhnes, wobei er das wachsende Gewebe teilte und in immer wieder frische Kulturflüssigkeit brachte. Nur durch einen Unglücksfall ging die Kultur 1945 zugrunde, nachdem sie fast 33 Jahre gelebt hatte, d.h. etwa doppelt so lange, wie das Huhn hätte leben können, von dem die Herzzellen stammten. Theoretisch können solche Explantate bei geeigneter Behandlung unbegrenzt weiterleben. Schließlich ist auch zu bedenken, daß bei allen Tieren die aufeinanderfolgenden Generationen durch einen fortlaufenden Lebensfaden verbunden sind, durch die sogenannte Keimbahn.
Der Tod, der am besten durch das Vorhandensein einer Leiche, d.h. der definitiv der Zersetzung anheimfallenden organischen Masse des Individuums, zu kennzeichnen ist, kommt auf verschiedene Weise zustande. Zunächst werden viele Individuen durch Einwirkungen der Umwelt vernichtet. Vor allem aber bringt der Stoffwechsel nicht rückgängig zu machende Veränderungen von solchen Geweben mit sich, die nicht einfach abgestoßen und wieder ersetzt werden konnten. So beschränkt sich die an sich mögliche Unsterblichkeit auf die

Folge der stets 'jugendlich' bleibenden Keimzellen, welche zur Befruchtung gelangen" (B. Rensch, 1973, S. 193 f.).
Tod dürfte immer im Zusammenhang mit dem Zerfall der für das Leben charakteristischen Strukturen, der kompliziert aufgebauten Makromoleküle aus den Stoffgruppen der Kernsäuren und der Eiweiße stehen. Für diese Auffassung sprechen Experimente der sogenannten Kryptogenese (Lebensstillstand bei extrem tiefen Temperaturen). Bärentierchen, kleine, etwa 1 mm große Lebewesen, hat man bis in die Nähe des absoluten Nullpunktes, also bis fast $-273°$, unterkühlt gelagert und wieder aufgetaut. Sie lebten anschließend weiter. Dieses Weiterleben überrascht zunächst. Bei diesen tiefen Temperaturen hört jede Atom- und Molekularbewegung auf. Es gibt keine meßbaren Lebenserscheinungen mehr. "Nur" die chemische Struktur bleibt erhalten. Letzteres scheint nun aber bedeutungsvoll für die Erhaltung des Lebens zu sein.
Wenn Bärentierchen in der Nähe des absoluten Nullpunktes praktisch unbegrenzt lebensfähig bleiben können, sollte das dann nicht auch uns Menschen möglich sein? Besteht Hoffnung, eine zur Zeit unheilbare Krebserkrankung zu überleben, indem der Patient so lange unterkühlt wird, bis die medizinische Wissenschaft so weit fortgeschritten ist, daß auch der Krebs geheilt werden kann?
In der Öffentlichkeit, also auch unter Schülern, wird diese Frage diskutiert. In den USA gibt es schon die ersten "Tiefkühlmenschen".
Der Wissenschaftler weiß, daß diese ersten, bei tiefen Temperaturen aufbewahrten Leichen keine Chancen haben, wieder lebendig zu werden. Das menschliche Gewebe besitzt im Gegensatz zu den weiter oben genannten Bärentierchen einen hohen Prozentsatz an Wasser, das bei der Unterkühlung gefriert. Dabei bilden sich Eiskristalle, die die organische

Struktur irreversibel zerstören und damit endgültig töten.
Auch in Zukunft wird die Sehnsucht des Menschen nach biologischer Unsterblichkeit mit Sicherheit Sehnsucht bleiben. Bei aller Unsterblichkeit der lebenden Substanz, von der Rensch spricht, ist für die Vielzeller, zu denen ja auch der Mensch gehört, der Tod unweigerlich das Ende des biologisch faßbaren Lebens.

*(Aus: G.-H. Neumann: Naturwissenschaftliche Anthropologie vor ethischen Problemen. Darf die Biologie, was sie kann?, Reihe: MKR 4, Verlag Butzon & Bercker, Kevelaer 1976, S. 48 f.)*

# TEXTBOGEN 12

*Texte von Teilhard de Chardin und Reinhold Schneider*

Mein Gott, mitten im tätigen Leben fühlte ich voll Freude, wie ich mich selbst entwickelte und dadurch Deine Macht über mich vermehrte. Gerne überließ ich mich unter dem inneren Drang des Lebens oder im günstigen Spiel der Ereignisse Deiner Vorsehung. Nachdem ich also die Freude entdeckt habe, jedes Wachstum einzusetzen, um Dich in mir größer zu machen oder größer werden zu lassen, gib, daß ich nun auch ohne Verwirrung an diese letzte Stufe der Vereinigung herantrete, auf der ich Dich, in Dir abnehmend, besitzen werde. Nachdem ich Dich als den erkannt habe, "Der mein erhöhtes Ich ist", laß mich, wenn meine Stunde gekommen ist, Dich unter der Gestalt jeder fremden oder feindlichen Macht wiedererkennen, die mich zerstören oder verdrängen will. Wenn sich an meinem Körper und noch mehr an meinem Geist die Abnutzung des Alters zu zeigen beginnt; wenn das Übel, das mindert oder wegrafft, mich von außen überfällt oder in mir entsteht; im schmerzlichen Augenblick, wo es mir plötzlich zum Bewußtsein kommt, daß ich krank bin und alt werde; besonders in jenem letzten Augenblick, wo ich fühle, daß ich mir selbst entfliehe, ganz ohnmächtig in den Händen der großen unbekannten Mächte, die mich gebildet haben; in all diesen düstern Stunden, laß mich, Herr, verstehen, daß Du es bist, Der - sofern mein Glaube groß genug ist - unter Schmerzen die Fasern meines Seins zur Seite schiebt, um bis zum Mark meines Wesens einzudringen und mich in Dich hineinzuziehen.
Ja, je tiefer das Übel im Grunde meines Fleisches unheilbar eingefressen ist, um so mehr kannst Du es sein, Den ich in mir berge wie

einen liebenden und tätigen Quell der Reinigung und der Loslösung. Je mehr sich die Zukunft vor mir wie eine schwindelerregende Kluft oder wie ein dunkler Durchgang öffnet, um so mehr kann ich, wenn ich mich auf Dein Wort hin hineinwage, Vertrauen haben, mich in Dir zu verlieren oder mich in Dich wie in einen Abgrund zu stürzen - in Deinen Leib, Jesus Christus, aufgenommen zu werden.
Oh, Kraft meines Herrn, unwiderstehliche und lebendige Macht, weil Du von uns beiden der unendlich Stärkere bist, fällt Dir die Rolle zu, in der Einigung, die uns verschmelzen soll, mich zu verbrennen. Gib mir also etwas noch Wertvolleres als die Gnade, um die Dich alle Deine Gläubigen bitten. Es genügt nicht, daß ich beim Sterben kommuniziere. Lehre mich zu kommunizieren, indem ich sterbe.

*(Aus: Pierre Teilhard de Chardin, Das Göttliche Milieu, Walter-Verlag, Olten-Freiburg 1969, S. 90/92)*

Fest überzeugt von der göttlichen Stiftung und ihrer bis zum Ende der Geschichte währenden Dauer, ziehe ich mich doch am liebsten in die Krypta zurück; ich höre den fernen Gesang. Ich weiß, daß Er auferstanden ist; aber meine Lebenskraft ist so sehr gesunken, daß sie über das Grab nicht hinauszugreifen, sich über den Tod hinweg nicht zu sehnen und zu fürchten vermag. Ich kann mir einen Gott nicht denken, der so unbarmherzig wäre, einen todmüden Schläfer unter seinen Füßen, einen Kranken, der endlich eingeschlafen ist, aufzuwecken. Kein Arzt, keine Pflegerin würde das tun, wieviel weniger Er!

*(Aus: Reinhold Schneider, Winter in Wien, Verlag Herder, Freiburg-Basel-Wien $^{10}$1975, S. 79)*

6. Unterrichtsreihe IV:

   Verantwortung für die Zukunft

*Inhalt*

Die Unterrichtsreihe "Verantwortung für die Zukunft" besteht aus den drei Unterrichtseinheiten:

1. UE: Elternschaft ist zu verantworten
2. UE: Vorgeburtliche Diagnose genetischer Defekte und einige sich daraus ergebende ethische Probleme
3. UE: Genmanipulation und Verantwortung für die Zukunft

In den beiden ersten Unterrichtseinheiten wird im Kapitel "Problemstellung" die Bedeutung der hier vorliegenden Themen für den Religionsunterricht kurz dargelegt.
Die dritte Unterrichtseinheit "Genmanipulation und Verantwortung für die Zukunft" sollte deshalb im Religionsunterricht behandelt werden, weil hier zunächst die Zusammenhänge zwischen Wissenschaft und Verantwortung diskutiert werden und weil den Schülern im Anschluß an einen Rahner-Text deutlich wird, vor welchen Schwierigkeiten die gegenwärtige Theologie steht, wenn es darum geht, naturwissenschaftliche Sachverhalte ethisch zu bewerten.

1. *Unterrichtseinheit*

*Thema:* Elternschaft ist zu verantworten

*Problemstellung:*

Etwa 8 % aller Neugeborenen zeigen angeborene Anomalien. Wie aus folgender Tabelle ersichtlich, sind durchaus nicht alle diese Defekte genetisch bedingt.

| Genetisch bedingte Defekte | Nicht genetisch bedingte, also während der Embryonalentwicklung erworbene Defekte |
|---|---|
| X-chromosomal-rezessive Leiden: Bluterkrankheit | Folgen von Medikamentenkonsum: Contergansyndrom |
| Chromosomenanomalien: Mongolismus | Folgen von Röteler krankung während der Schwangerschaft: gewisse Fälle von Taubstummheit und Schwerhörigkeit |
| autosomal-rezessive Leiden: Phenylketonurie, Albinismus, bestimmte Formen der Taubstummheit | Folgen von falscher Lage der Nabelschnur: Gliedmaßenamputation |
| autosomal-dominante Leiden: Augenkrebs, Vielfingerigkeit | Folgen von Fehlverhalten der Eltern durch Konsum von Alkohol und Nikotin: Mangelgeburten |

Bei vielen angeborenen Anomalien handelt es sich vielmehr um während der Embryonalentwicklung erworbene. Daß einige davon durch

Leichtsinn (unüberlegter Medikamentenkonsum während der Schwangerschaft) oder durch schuldhaftes Fehlverhalten (Alkohol- und Nikotinmißbrauch) nicht nur der werdenden Mütter, sondern teilweise auch des werdenden Vaters verschuldet sind, wissen wir. Eine soeben veröffentlichte "Schwerpunktstudie der Deutschen Forschungsgemeinschaft", die sich mit den Faktoren der Schwangerschaftsbeeinflussung und der Kindesentwicklung beschäftigt, macht deutlich, daß Mißbildungen durch Rauchen beider Elternteile verursacht werden können und viele Kinder für die Sünden ihrer Mütter büßen, die Alkoholikerinnen sind. (Näheres siehe TB 2 "Mißbildung durch Rauchen und Alkoholmißbrauch".)
Aus diesen Forschungsergebnissen müssen Konsequenzen gezogen werden. Der Religionsunterricht hat die Aufgabe, dem Schüler bewußt zu machen, daß jeder einzelne Verantwortung besitzt für die künftige Generation.
Aus der großen Gruppe der genetisch bedingten Leiden werden im 2. Teil der vorliegenden Unterrichtseinheit zwei Beispiele näher besprochen, nämlich die Bluterkrankheit und der Mongolismus.


*Bluterkrankheit:*

Dieses Leiden wird verursacht durch ein krankmachendes Gen im X-Chromosom, d.h. dem weiblichen Geschlechtschromosom. Da dieser veränderte Erbfaktor außerordentlich selten auf beiden X-Chromosomen nachzuweisen und der Erbgang rezessiv ist, findet sich die Bluterkrankheit bei Frauen äußerst selten. Sie können ja nur erkranken, wenn das krankmachende, rezessive Gen auf beiden X-Chromosomen vorkommt, wenn sie also homozygot sind.
Anders ist die Situation beim Knaben und beim Mann. Da beide nur ein X-Chromosom besitzen, wirkt sich bei ihnen das geschädigte Gen in

jedem Falle im Erscheinungsbild aus. Sie sind
krank. Im Gegensatz zu den Männern können
Frauen allerdings häufig Überträger dieses
Erbleidens sein. Sie sind dann vom Erbgut her
(genotypisch) geschädigt, dem Erscheinungsbild nach (phänotypisch) aber gesund.
Der Erbgang dieses Leidens wird aus der Abbildung auf S. 177 ersichtlich. Heiratet ein
Bluter eine genotypisch gesunde Frau (Abb.
oben), also eine Nichtüberträgerin, die für
dieses Merkmal homozygot ist, so sind alle
Söhne gesund und alle Töchter werden Überträger der Krankheit, ohne selbst an ihr zu
leiden. Heiratet eine dieser heterozygoten
Überträgerinnen einen gesunden Mann, muß mit
einer Erkrankung von einem Viertel der Kinder
gerechnet werden (Abb. unten).
Durch einen sogenannten Heterozygotentest,
durchgeführt im Anschluß an eine genetische
Familienberatung, läßt sich heute feststel-
len, ob ein Mädchen Überträger der Bluterkrankheit ist oder nicht (vgl. TB 3 "Bluterkrankheit - Erbgang und Risiko"). Stellt sich
heraus, daß der Überträgerfall vorliegt, dann
sollte sich die betroffene Frau darüber im
klaren sein, was ein Erkrankungsrisiko von
25 % bei der Schwere des vorliegenden Leidens
bedeutet. Bei der Bluterkrankheit erscheint
es zu hoch. Es dürfte angebracht sein, aus
Verantwortung heraus auf eigene Kinder zu
verzichten.


*Mongolismus:*

Aus TB 4 "Mongolismus - Risiko und Alter der
werdenden Mutter" ergibt sich, daß die Wahrscheinlichkeit, ein mongoloides Kind zu
bekommen, mit steigendem Lebensalter der werdenden Mutter erheblich zunimmt. Ziel im
Religionsunterricht sollte es sein, Schülern
bewußt zu machen, daß die Planung von Geburten
auch in einer Ehe diese Risikoerhöhung

*Vererbung der Bluterkrankheit*
*Es handelt sich um einen geschlechtsgebundenen, rezessiven Erbgang*

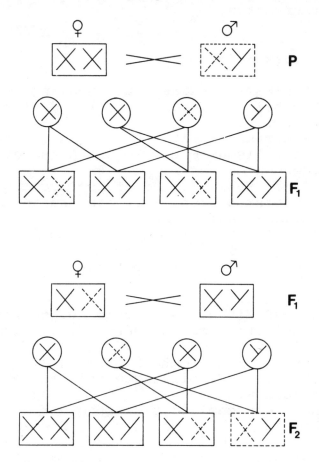

Gestrichelt umrandeter Kasten = krank; gestrichelt gezeichnetes X = krankmachendes rezessives X-Chromosom; umrandetes Kästchen = phänotypisch gesund; XX = genotypisch gesund; X und X gestrichelt = phänotypisch gesund, aber genotypisch geschädigt, somit Überträger, ♂ = Mann; ♀ = Frau; P = Eltern; F = Nachkommengeneration

*(Aus: G.-H. Neumann: Der Mensch in der modernen Biologie, Essen [2]1975, S. 82)*

mit zu berücksichtigen hat. Eine ausschließlich subjektive Beliebigkeit bei der Planung von Kindern ist biologisch und ethisch nicht zu verantworten.

*Unterrichtsmedien:*

TB 1: Medikamentenkonsum und Schwangerschaft
TB 2: Mißbildung durch Rauchen und Alkoholmißbrauch
TB 3: Bluterkrankheit - Erbgang und Risiko
TB 4: Mongolismus - Risiko und Alter der werdenden Mutter
TB 5: Papst Paul VI. und die Deutsche Bischofskonferenz zur verantworteten Elternschaft

*Geplanter Verlauf der Unterrichtseinheit:*

Der Schüler soll
wissen, daß Mißbildungen beim Neugeborenen durch Fehlverhalten der werdenden Eltern verursacht sein können;
erfahren, daß bestimmte Medikamente, Nikotin und Alkohol zu Mißbildungen beim Neugeborenen führen können;
einsehen, daß zumindest während der Schwangerschaft aus Verantwortung für das zu erwartende Kind der Medikamentenkonsum auf das notwendigste Maß eingeschränkt und auf Nikotin und Alkoholkonsum verzichtet werden sollte;
erfahren, daß neben den erworbenen Mißbildungen häufig auch genetische Defekte für das Auftreten von schweren Krankheiten bei Neugeborenen die Ursache sein können;
am Beispiel der Bluterkrankheit die Bedeutung der genetischen Familienberatung für die Risikoabschätzung kennenlernen;
wissen, daß für jeden die Möglichkeit zur genetischen Familienberatung gegeben ist;

erfahren, daß durch genetische Familienberatung viel Leid verhindert werden kann;
begreifen, daß aus Verantwortung heraus in Einzelfällen genetische Familienberatung notwendig sein kann;
am Beispiel des Mongolismus Zusammenhänge zwischen Risikoerhöhung und Alter der werdenden Mutter kennenlernen;
begründen, weshalb die Planung der Geburten auch in einer Ehe nicht in die ausschließlich subjektive Beliebigkeit der Partner gestellt werden kann und darf;
einsehen, daß es aus schwerwiegenden Gründen ethischer Verantwortung erforderlich sein kann, auf eigene Kinder zu verzichten;
erkennen, daß nach kirchlicher Auffassung genetische Belastungen in bestimmten Fällen schwerwiegende Gründe sein können, auf unbegrenzte Zeit auf eigene Kinder zu verzichten.

*Geplanter Verlauf der Unterrichtseinheit:*

1. TB 1 "Medikamentenkonsum und Schwangerschaft" wird besprochen. Es wird herausgearbeitet:

1.1. Das als "harmlos" geltende Beruhigungs- und Schlafmittel Contergan ist mit an Sicherheit grenzender Wahrscheinlichkeit für das nach diesem Medikament genannte "Contergansyndrom" verantwortlich.

1.2. Auch heute kann grundsätzlich nicht mit Sicherheit behauptet werden, daß ein bestimmtes Medikament, während der Schwangerschaft eingenommen, gänzlich unschädlich ist.

1.3. Jede Frau sollte aus Verantwortung vor der Gesundheit des noch ungeborenen Menschen bereit sein, während der Schwangerschaft so weit wie möglich auf Medikamente zu verzichten. Ob eine zwingende Notwendigkeit zur Medikamenteneinnahme während dieser Zeit besteht, sollte ausschließlich der Arzt entscheiden.

2. Daß Mißbildungen beim Neugeborenen auch durch Rauchen der werdenden Eltern hervorgerufen werden können, erfahren die Schüler anhand von TB 2 "Mißbildung durch Rauchen und Alkoholmißbrauch". Es sollte deutlich herausgearbeitet werden, daß zumindest während der Schwangerschaft aus Verantwortung vor dem Kind auf Rauchen und Alkohol verzichtet werden sollte.

3. Daß nicht alle angeborenen Leiden durch Fehlverhalten der werdenden Eltern, sondern viele auch durch genetische Defekte bedingt sind, wird am Beispiel der Bluterkrankheit und des Mongolismus besprochen:

3.1. Bluterkrankheit: TB 3 "Bluterkrankheit - Erbgang und Risiko" wird durchgenommen. Es wird herausgearbeitet:

3.1.1. Bluterkrankheit ist ein X-chromosomgebundenes, rezessives Leiden, das, da Männer nur ein X-Chromosom besitzen, viel häufiger bei diesen als bei Frauen auftritt.

3.1.2. Frauen im heterozygoten Zustand (mit einem defekten X-Chromosom) sind Überträger der Krankheit.

3.1.3. Heiratet eine Überträgerin einen gesunden Mann, so besteht für das zu erwartende Kind ein Erkrankungsrisiko von 25 %; für Jungen sogar eines von 50 %.

3.1.4. Ob eine Frau Überträger der Bluterkrankheit ist, läßt sich im allgemeinen durch den Heterozygotentest ermitteln.

3.1.5. Mädchen und Frauen, die aus einer Familie stammen, in der von mütterlicher Seite her Bluterbelastungen vorgekommen sind, sollten aus Verantwortung für den noch Ungeborenen eine genetische Beratungsstelle aufsuchen. Ein evtl. erforderlicher Heterozygotentest wird der Frau Gewißheit geben, ob sie Überträger dieses Leidens ist oder nicht.

3.1.6. Stellt sich heraus, daß die Frau Überträger ist, dann ist zu überlegen, ob nicht auf eigene Kinder verzichtet werden müßte.

3.1.7. Abschließend ist zu begründen, weshalb in vielen Fällen genetische Beratung nicht in die Beliebigkeit des einzelnen gestellt werden sollte, sondern aus Verantwortung für den künftigen Menschen notwendig ist.

3.2. Mongolismus: Anhand von TB 4 "Mongolismus - Risiko und Alter der werdenden Mutter" wird herausgearbeitet:

3.2.1. Beim Mongolismus handelt es sich um eine Chromosomenanomalie.

3.2.2. Bei keiner Geburt ist Mongolismus absolut auszuschließen.

3.2.3. Das Risiko, ein mongoloides Kind zu bekommen, nimmt mit steigendem Lebensalter der Mutter zu.

3.2.4. Aus 3.2.3. ergibt sich, daß die Planung von Geburten nicht in die ausschließlich subjektive Beliebigkeit der werdenden Eltern gestellt werden kann und darf. Wer biologische Dispositionen und genetisch-gesundheitliche Zusammenhänge kennt und in Verantwortung vor dem kommenden Menschen und der Zukunft auch nur einigermaßen ernst nimmt, muß der gängigen Meinung widersprechen, der Geburtstermin von Kindern sei beliebig planbar. Hier sind von Natur aus Schranken gezogen. Wünschenswert ist es z.B., daß die Eltern, vor allem die Frau, in nicht zu hohem Lebensalter ihre Kinder zeugen. Die sich daraus ergebenden Konsequenzen und Verantwortungsnormen sollten diskutiert werden.

4. Anschließend wird TB 5 "Papst Paul VI. und die Deutsche Bischofskonferenz zur verantworteten Elternschaft" gelesen und sein Inhalt diskutiert. Papst Paul VI. hebt verantwortliche Elternschaft ebenso hervor wie die Deutsche Bischofskonferenz. Diese Verantwortung kann unter Umständen durchaus zu dem Entschluß führen, zeitlich unbegrenzt auf eigene Kinder zu verzichten. Vor allem genetische Belastungen und Alter der werdenden Eltern sollten in diesem Zusammenhang genannt werden.

*2. Unterrichtseinheit*

*Thema:* Vorgeburtliche Diagnose genetischer
Defekte und einige sich daraus ergebende ethische Probleme


*Problemstellung:*

In dem Buch "Unterrichtseinheiten für das
Fach Biologie in der Sekundarstufe I", dem
ersten Band der vorliegenden Reihe "Unterrichtshilfen für Sekundarstufen" (uh 1), wird
innerhalb der Unterrichtsreihe "Menschliche
Geschlechtlichkeit aus humangenetischer Sicht"
u.a. auch auf die vorgeburtliche Diagnose von
genetischen Schädigungen aus biologischer
Sicht eingegangen.
Der Schüler lernt zunächst die sogenannte
Amniozentese als die Punktion von Fruchtwasser, in dem sich einzelne embryonale Zellen
befinden, kennen.
"Die Technik der Amniozentese erlaubt es, in
der 14. bis 16. Woche der Schwangerschaft
Zellen der wachsenden Frucht zu gewinnen, die
frei in der Amnionflüssigkeit schwimmen. Dem
Fruchtwasser (zu diesem Zeitpunkt ca. 200 ml)
werden dabei transabdominal etwa 10 ml entnommen, dann die darin befindlichen Zellen
durch Zentrifugation angereichert. Schon der
Überstand nach der Zentrifugation, also die
zellfreie Amnionflüssigkeit, kann Aufschluß
über bestimmte Eigenschaften des Embryos geben. So wurde die ganze Technik der Amniozentese ursprünglich entwickelt zur vorgeburtlichen Erkennung rhesuspositiver Föten von
rhesusnegativen Schwangeren. Die Menge von
Abbauprodukten des roten Blutfarbstoffs in
der Amnionflüssigkeit zeigt in solcher Situation den Grad der Gefährdung der Föten an...
Weit wichtiger ist jedoch die Untersuchung
der fötalen Zellen selbst. Diese werden nach
der Zentrifugation in Kultur genommen. Von

den verschiedenartigen Zellen wachsen dabei
aus technischen Gründen meist nur wenige zu
Zellklonen heran. Diese können dann nach
ca. 2-3 Wochen zytologisch auf ihren Chromosomensatz geprüft werden, wobei z.B. Mongolismus oder größere Chromosomenabartigkeiten
eindeutig erkennbar sind" (Bresch-Hausmann:
Klassische und molekulare Genetik, Heidelberg
1972, S. 373).
Zum Abschluß der Unterrichtseinheit "Vorgeburtliche Diagnose genetischer Defekte" sollte der Textbogen 8 "Erbberatung" mit den
Schülern besprochen werden.
Daraus wird ersichtlich, daß Biologie und
Biotechnik an Grenzsituationen kommen. Hier
wird "die Biologie zu wichtig, um sie den Biologen zu überlassen". Der Religionsunterricht
sollte sich daher auch mit der vorgeburtlichen
Diagnose und einigen der sich daraus ergebenden ethischen Probleme beschäftigen.

*Unterrichtsmedien:*

TB 6: Amniozentese
TB 7: Häufigkeit von Chromosomenanomalien
TB 8: Erbberatung

*Zielsetzungen der Unterrichtseinheit:*

Der Schüler soll
wissen, daß etwa 8 % der Neugeborenen genetisch bedingte Störungen aufweisen;
über das damit verbundene Leid nachdenken;
die vorgeburtliche Diagnose von genetischen
Defekten kennen;
den Indikationsbereich der vorgeburtlichen
Diagnose kennen;
an Beispielen die Bedeutung der vorgeburtlichen Diagnose kennen;
sich mit einigen ethischen Problemen im
Zusammenhang mit der vorgeburtlichen

Diagnose auseinandersetzen;
begründen, weshalb die Kirche die genetische
Indikation ablehnt.

*Geplanter Verlauf der Unterrichtseinheit:*

1. Der Lehrer informiert die Schüler, daß
8 % aller Neugeborenen genetische Defekte
aufweisen. Über das damit verbundene Leid
sollte gesprochen werden.

2. Es wird wiederholt, daß die rechtzeitige
genetische Beratung dazu führen kann, Leid
zu vermeiden. Vorhersehbare und vermeidbare
Schäden sind zu verhindern. Jeder einzelne
hat die Pflicht, sich zu informieren. Noch
einmal ist zu betonen, daß genetische Familienberatung nicht in die Beliebigkeit des
einzelnen gestellt werden sollte.

3. Anhand des TB 6 "Amniozentese" lernen die
Schüler die vorgeburtliche Diagnose kennen.

Der Indikationsbereich für die vorgeburtliche Diagnose ergibt sich zumindest teilweise aus TB 4 "Mongolismus - Risiko und
Alter der werdenden Mutter" und TB 7 "Häufigkeit von Chromosomenanomalien": Frauen über
35 haben ein erhöhtes Risiko.

4. Im Anschluß an diese biologischen Sachinformationen sollten die Schüler sich eingehend mit den ethischen Fragen im Zusammenhang mit der vorgeburtlichen Diagnose
auseinandersetzen. Als Diskussionsgrundlage
dient TB 8 "Erbberatung".

4.1. Was mag es für eine werdende Mutter
bedeuten, zu wissen, daß das Kind, welches
sie erwartet, mongoloid sein wird?

4.2. Auch wenn die werdende Mutter das Kind
bejaht, wird man ihr und dem behinderten Kind

nicht mit Unverständnis, Distanzierung und anderen Vorurteilen begegnen?

4.3. Welche Aufgabe haben die Kirche und die Gemeinschaft der Christen, die die genetische Indikation ablehnen, in solchen Fällen?

5. Abschließend ist den Schülern einsichtig zu machen, weshalb die Kirche die genetische Indikation ablehnt. Ausgehen kann man dabei im Unterricht von folgendem Denkanstoß: Wie will der, der die genetische Indikation bejaht, überzeugend begründen, weshalb es nicht auch erlaubt sein soll, einen nach einem Unfall irreversibel schwer hirngeschädigten jungen Menschen zu töten?

*3. Unterrichtseinheit*

*Thema:* <u>Genmanipulation und Verantwortung für die Zukunft</u>

*Unterrichtsmedien:*

TB 9: Die Aussichten für eine Genmanipulation
TB 10: Zum Problem der genetischen Manipulation aus der Sicht des Theologen

*Zielsetzungen der Unterrichtseinheit:*

Der Schüler soll
einige Informationen über derzeitige Möglichkeiten der gezielten Erbgutveränderungen besitzen;
verstehen, daß die Genforschung Chancen, aber auch große Gefahren für die Menschheit in sich birgt;
dafür Beispiele benennen;
wissen, daß sehr ernste Gefahren in Zusammenhang mit der Entwicklung biologischer Waffen bestehen;
darüber nachdenken, daß der Wissenschaftler besondere Verantwortung besitzt;
über die Schwierigkeiten informiert sein, vor denen Kirche und Theologie stehen, wenn es darum geht, mögliche genetische Manipulation anhand konkreter Maßstäbe und angesichts von Ziel- und Wertkonflikten ethisch zu beurteilen.

*Geplanter Verlauf der Unterrichtseinheit:*

1. TB 9 "Die Aussichten für eine Genmanipulation" wird besprochen. Zunächst muß abgeklärt werden, ob alle Schüler den Text inhaltlich verstehen. Falls unzureichendes biologisches Grundlagenwissen vorhanden sein sollte,

müßte dieses zunächst erarbeitet werden.
Wenn alle reinen Verstehensfragen beantwortet sind, ist zu erarbeiten:

1.1. Genetische Manipulation an nichtmenschlichen Organismen könnte z.B. speziell folgende positive Bedeutung bekommen:

1.1.1. Mikroorganismen mit neu eingepflanzten, stickstoffixierenden Genen könnten weltweit Stickstoffdünger einsparen. Auf diese Weise ließe sich das Welternährungsproblem zumindest in Grenzen lösen.

1.1.2. Weitere wichtige, dringend benötigte Substanzen wie Antibiotika, spezifische Proteine, Hormone und Antikörper könnten durch genetische Manipulation in ausreichender Menge billig produziert werden.

1.1.3. Durch genetische Manipulation könnte evtl. die Krebsforschung neue Impulse bekommen.

1.2. Genetische Manipulation, an Mikroorganismen vorgenommen, könnte aber auch für uns Menschen höchst gefährlich werden.

1.2.1. Mikroorganismen lassen sich genetisch so programmieren, daß sie als biologische Waffen eingesetzt werden können. Diese Waffen sind deshalb so gefährlich, weil auch kleinere Staaten die Möglichkeit zur Konstruktion besitzen. Außerdem sind ihre Folgen sehr schwer unter Kontrolle zu halten und u.U. generationenschädigend.

2. Genetische Manipulation des Menschen ist zur Zeit biotechnisch noch nicht möglich. Ob es einmal dazu kommen wird, läßt sich gegenwärtig nicht sagen.

3. Da genetische Forschungsergebnisse - ebenso wie die der Atomforschung - mißbraucht werden können, sollte auf die Verantwortung der Wissenschaft und des Wissenschaftlers im Unterrichtsgespräch eingegangen werden.

4. Abschließend ist der TB 10 "Zum Problem der genetischen Manipulation aus der Sicht des Theologen", der sich mit der genetischen Manipulation aus theologisch-ethischer Sicht beschäftigt, zu lesen und zu diskutieren. Es ist herauszuarbeiten:

4.1. Kirche und Theologie haben es deshalb so schwer, prinzipiell und ethisch zur genetischen Manipulation Stellung zu nehmen, weil sich das zu beurteilende Phänomen auf eine natürlich auch für den Christen total neue Wirklichkeit bezieht.

4.2. Der theologische Ethiker ist in dieser Sache nicht mehr Fachmann, sondern auf Informationen der betreffenden Wissenschaftler angewiesen.

4.3. Ihm fehlt häufig Detailwissen. Gerade dieses kann aber unerläßlich sein, wenn es um die konkrete sittliche Beurteilung der genetischen Manipulation geht.

5. Die drei von Rahner genannten Faktoren, von denen die sittliche Qualität einer genetischen Manipulation abhängt, sind zu verdeutlichen.

*Literaturangaben:*

Neumann, G.-H.: Der Mensch in der modernen Biologie, Essen $^{2}$1975
Neumann, G.-H.: Unterrichtseinheiten für das Fach Biologie in der Sekundarstufe I, Reihe: uh 1, Kevelaer 1976
Neumann, G.-H.: Naturwissenschaftliche Anthropologie vor ethischen Problemen. Darf die Biologie, was sie kann? Reihe: MKR 4, Kevelaer 1976

6.1. Textbögen zur Unterrichtsreihe IV

# TEXTBOGEN 1

*Medikamentenkonsum und Schwangerschaft*

*1. Beispiel:*

Beziehung zwischen Zeitpunkt der Conterganeinnahme und Art der Mißbildung

| Zeitpunkt der Einnahme während der Schwangerschaft | nachgewiesene Mißbildung beim Kind |
|---|---|
| 0 -20. Tag | keine Mißbildungen |
| 21. Tag | Augenmuskellähmung |
| 24.-26. Tag | Fehlen oder fast vollständiges Fehlen der Arme |
| 27.-28. Tag | Mißbildungen der Nieren |
| 29.-31. Tag | Schwere Armmißbildungen, Fehlen der Beine |
| 30.-33. Tag | Schwere Beinmißbildungen und Herzmißbildungen |
| nach dem 50. Tag | keine Mißbildungen |

Die Zahlen geben die häufigsten Einnahmedaten für die einzelnen Mißbildungen an. In Einzelfällen kommen Abweichungen bis zu 5 Tagen vor, bei sehr unregelmäßigem Zyklus auch größere Abweichungen.

*(Im Anschluß an W. Lenz: Medizinische Genetik, 1970, S. 276)*

*2. Beispiel:*

K. H. Degenhardt, Professor für Humangenetik, 1963 von der Deutschen Forschungsgemeinschaft zum Leiter der Studie "Schwangerschaftsverlauf

und Kindesentwicklung" berufen, sagt:
"Grundsätzlich kann man niemals behaupten, daß ein Medikament mit Sicherheit keinen Schaden bewirkt. Deshalb sollte in der Schwangerschaft der Medikamentenverbrauch drastisch reduziert und gewissenhaft nach Schaden und Nutzen für Mutter und Kind abgewogen werden. Eine Ausnahme machen praktisch nur allein chronische Erkrankungen der Schwangeren, die einer stetigen Medikation bedürfen.
Hier kann ein Abbrechen der Medikation oder eine Dosisverringerung sogar für Mutter und Kind gefährlich werden. So braucht eine insulinabhängige werdende Mutter eher noch mehr Insulin als vor der Schwangerschaft; je exakter sie mit Insulin 'eingestellt' ist, desto wahrscheinlicher wird sie ein gesundes Kind voll bis zum neunten Monat austragen können."

(Aus: Karl-Heinz Degenhardt: Das Kind im Mutterleib - was ihm nützt und was ihm schadet, Bild der Wissenschaft, Februar 1977, S. 50)


3. Beispiel:

Zitat aus dem Beipackzettel für das weitverbreitete Präparat "Ultraproct" für die Behandlung entzündlicher Hämoridalerkrankungen:

"Ultraproct darf nicht angewendet werden bei tuberkulösen Prozessen im Behandlungsbereich, Impfpocken, echten Pocken und Windpocken.
In den ersten 3 Monaten einer Schwangerschaft sollten grundsätzlich keine kortikoidhaltigen Zubereitungen zum lokalen Gebrauch in größeren Mengen oder über längere Zeit angewendet werden, da ein schädlicher Einfluß auf Körperbau und Organfunktionen des Kindes nicht auszuschließen ist."

TEXTBOGEN 2

*Mißbildung durch Rauchen und Alkoholmißbrauch*

Raucht eine werdende Mutter Zigaretten, bekommt sie meist ein untergewichtiges Kind. Aber noch schlimmer: Die perinatale Sterblichkeit der Kinder starker Raucherinnen (so definiert schon bei mehr als fünf Zigaretten täglich) scheint erhöht zu sein - und zwar mit 3,9 % gegenüber einem Gesamtdurchschnitt von 2,9 %.

*Mißbildung durch Rauchen*

Das Kind im Mutterleib raucht also mit. Betrachtet man die Rauchgewohnheiten beider Ehepartner, zeigt es sich, daß das Untergewicht des Neugeborenen (als Mangelgeburt beurteilt unter Berücksichtigung der Schwangerschaftsdauer) stets stark vom Rauchverhalten der Schwangeren selbst abhängt, und zwar bei nichtrauchenden wie bei rauchenden Männern.
Anders bei der perinatalen Sterblichkeit: Sie ist bei Kindern von starken Raucherinnen deutlich erhöht, aber auch bei denen von Männern mit regelmäßigem Verbrauch von zehn und mehr Zigaretten täglich. Diese Abhängigkeit vom Rauchen des Mannes findet sich auch in den Ehen, in denen die Frau nicht raucht (4 % gegenüber 2,9 % bei Nichtrauchern). Kinder von stark rauchenden Vätern sterben also auch dann im höheren Ausmaß, wenn die Mutter Nichtraucherin ist.
Passivrauchen spielt dabei anscheinend keine Rolle - die Väter sind ja auch den größten Teil des Tages nicht zu Hause. Statt dessen wird beim rauchenden Vater eine mögliche Wirkung des Rauchens auf die Bildung seiner Samenzellen diskutiert.
Auch die Verdoppelung der Frequenz schwerer

Mißbildungen der Kinder von Rauchern basiert nach experimentellen Untersuchungen der französischen Forscher G. Strudel und G. Gateau auf Zigarettenkonsum der Väter: Starkes Rauchen soll die Teilung der Samenzellen behindern.
Unsere Studie fand ebenfalls eine Verdoppelung der Rate schwerer Mißbildungen bei Kindern stark rauchender Väter: Lippen-Kiefer-Gaumen-Spalten, Kinder ohne Großhirn, Herzfehler, Fehlbildungen der Extremitäten und anderes mehr. Diese Untersuchungen bedürfen allerdings noch der Überprüfung an dem jetzt vorliegenden neuen Kollektiv von nahezu 8000 Schwangerschaften.
Noch schwerer für die Sünden ihrer Eltern büßen die Kinder von Alkoholikerinnen. Daß Alkoholmißbrauch verheerende Folgen für die Nachkommen haben kann - davon waren schon die alten Griechen überzeugt. Sie erklärten die unförmige Gestalt des klumpfüßigen Vulkanus damit, daß ihn Zeus im Rausch erzeugt habe. Plutarch schreibt, Diogenes habe, als er einen irren und epileptischen Knaben erblickte, ausgerufen: "Knabe, dein Vater hat dich im Rausch erzeugt." Und Platon vermutete: "Zeugung im Rausch ergibt Kinder, die schwachsinnig, ungehorsam, ungerecht und kränklich sind."
Die Wissenschaft glaubte nie so recht daran, daß eine Zeugung im Rausch die Kinder mißbildet. Und seit kurzem weiß sie: Einen alkoholisierten Vater trifft keine Schuld. Vielmehr drohen den Kindern dann Mißbildungen, wenn ihre Mütter während der Schwangerschaft chronisch zur Flasche griffen.
Und es wird - wahrscheinlich mit der Zunahme des chronischen Alkoholismus auch bei gebärfähigen, jungen Frauen - mehr und mehr deutlich, daß es ein echtes, klinisch recht typisches, unmittelbar erkennbares Alkoholsyndrom bei Kindern gibt. Wissenschaftler prägten dafür den Fachausdruck "Alkoholembryopathie".

Das Mißbildungsmuster der Alkoholembryopathie: frühzeitige Wachstumsverzögerung, Zurückbleiben in der geistigen Entwicklung, Anomalien im Kopf- und Gesichtsbereich wie kleiner Kopf, fliehendes Kinn, zu kurze Lidspalten, schmallippiger Mund und Kummerfalten, Mißbildungen an Genitalien und am Herzen, Defekte der Extremitäten.
17 % der Kinder von Alkoholikerinnen sterben nach den amerikanischen Forschern K. L. Jones und D. L. Smith von der Kinderklinik in Washington im perinatalen Zeitraum, von den überlebenden Kindern weisen mehr als 30 % Zeichen der Alkoholembryopathie auf.
Die Art der Wachstumsschädigung und der Mißbildungen lassen darauf schließen, daß der Alkohol selbst, der die Plazenta frei passieren kann, und nicht die bei Alkoholismus zwangsläufige Unterernährung der Mutter für die Schädigung verantwortlich ist. Als mißbildender Schadstoff wird das Alkoholabbauprodukt Azetaldehyd diskutiert.
Kinderärzte sollten sich so schnell wie möglich mit der Alkoholembryopathie vertraut machen, vor allem, um die süchtigen Mütter dieser Kinder zur Ausschaltung des großen Wiederholungsrisikos einer systematischen Entziehungskur zuzuführen. Für die Kinder selbst gibt es außer unspezifischen Pflegemaßnahmen in Kinderkliniken und Heimen keine spezielle Therapie.

*(Aus: Karl-Heinz Degenhardt: Das Kind im Mutterleib - was ihm nützt und was ihm schadet, Bild der Wissenschaft, Februar 1977)*

# TEXTBOGEN 3

*Bluterkrankheit - Erbgang und Risiko*

1. Bluterkrankheit ist ein X-chromosomgebundenes Leiden

- (XX)      homozygot; gesunde Frau
- (XẌ)      heterozygot; gesunde Frau; Überträger der Bluterkrankheit
- (ẌẌ)      homozygot; kranke Frau
- [XY]      gesunder Mann
- [ẌY]      kranker Mann

2. Erbgang einer Überträgerin und eines gesunden Mannes

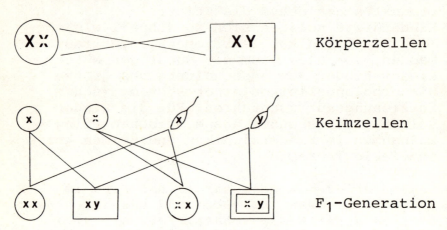

## 3. Heterozygotentest

"Ob eine Frau Überträgerin der Krankheit ist oder nicht, läßt sich in manchen Fällen durch den Heterozygotentest nachweisen. Überträger der Bluterkrankheit sind für die Ausbildung von Blutgerinnungsfaktoren heterozygot. Wie aus der folgenden Abbildung zu ersehen ist, bilden sie nur etwa 50 % der Stoffe, die die Blutgerinnung mitbewirken. Völlig gesunde bilden dagegen etwa 100 % aus (links), Kranke fast 0 % (rechts).
Die Menge der gebildeten Blutgerinnungsfaktoren läßt sich heute biochemisch nachweisen."

*Bildung von Blutgerinnungsfaktoren*

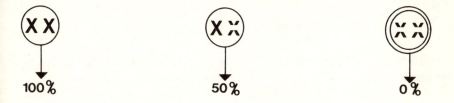

(Aus: *G.-H. Neumann: Zivilisation - ein Risiko?, in: Kattmann-Palm-Rüther: Kennzeichen des Lebendigen, Bd. 9/10: Mensch und Biosphäre, Lehrerhandbuch, Vieweg-Schulverlag, Düsseldorf 1976, S. 244/245*)

TEXTBOGEN 4

*Mongolismus - Risiko und Alter der werdenden Mutter*

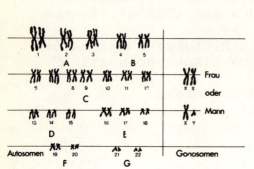

Menschlicher Chromo-
somensatz

Chromosomensatz eines
mongoloiden Menschen

| Alter der werdenden Mutter: | Wahrscheinlichkeit, ein mongoloides Kind zu bekommen: |
|---|---|
| unter 19 Jahren | 1 : 2.370 |
| 20-24 Jahre | 1 : 1.600 |
| 25-29 Jahre | 1 : 1.200 |
| 30-34 Jahre | 1 : 870 |
| 35-39 Jahre | 1 : 300 |
| 40-44 Jahre | 1 : 100 |
| 45 und älter | 1 : 46 |

TEXTBOGEN 5

*Papst Paul VI. und die Deutsche Bischofskonferenz zur verantworteten Elternschaft*

Verantwortliche Elternschaft

10. Deshalb verlangt die eheliche Liebe von den Ehegatten das Bewußtsein ihrer Sendung zu "verantwortlicher Elternschaft". Auf sie legt man heute mit gutem Recht ganz besonderen Wert. Auch sie muß richtig verstanden werden. Verantwortliche Elternschaft wird deshalb unter verschiedenen berechtigten und miteinander in Beziehung stehenden Gesichtspunkten betrachtet. Im Zusammenhang mit den biologischen Abläufen besagt verantwortliche Elternschaft Kenntnis und Achtung ihrer Funktionen. Der Verstand entdeckt im Vermögen, das Leben zu geben, biologische Gesetze, die zur menschlichen Person gehören...
Im Hinblick auf die physischen und sozialen Verhältnisse wird verantwortliche Elternschaft sowohl in dem abgewogenen und großherzigen Entschluß ausgeübt, eine kinderreiche Familie aufzuziehen, als auch in der aus schwerwiegenden Motiven und unter Beobachtung des Sittengesetzes getroffenen Entscheidung, zeitweise oder auf unbegrenzte Zeit die Geburt weiterer Kinder zu vermeiden.

*(Aus: Papst Paul VI., Humanae vitae, 1968)*


Die menschliche Geschlechtlichkeit vollendet ihre leibliche und geistige Fruchtbarkeit in der Zeugung und Erziehung der Kinder. In der Schrift ist der Fruchtbarkeitsauftrag engstens mit dem Auftrag Gottes an den Menschen zur Weltgestaltung und Weltbeherrschung verbunden: "Seid fruchtbar und mehret euch und bevölkert die Erde, unterwerft sie euch und

herrscht über die Fische des Meeres, über die
Vögel des Himmels und über alle Tiere, die
sich auf dem Land regen" (Gen 1, 28). Es geht
also um die Verantwortung für die Entstehung
und Formung der nächsten Generation, eine
Verantwortung, die Mann und Frau in gleicher
Weise aufgegeben ist. Der Auftrag, Leben zu
wecken und zu formen, kann nur in hohem sittlichen Ernst erfüllt werden. Nach der Aussage
des Konzils ("Gaudium et spes", Artikel 50)
haben die Eheleute "als mitwirkend mit der
Liebe Gottes des Schöpfers und gleichsam als
Interpreten dieser Liebe", also als Deuter
dieser Liebe, die Entscheidung zu treffen,
wie vielen Kindern sie entsprechend ihrer
Lebenssituation Beheimatung schenken können.
Angesichts der rapide sinkenden Geburtenzif-
fern ist es geboten, auf die zunehmend kin-
derfeindlichen Lebensbedingungen und auf die
oft familienfeindlichen Lebensbedingungen
einzuwirken, um mehr Raum für die Entfaltung
der Familien zu schaffen. Dies ist eine
Schicksalsfrage für die Zukunft unseres Vol-
kes.

*(Aus: Hirtenbrief der Deutschen Bischöfe zu
Fragen der menschlichen Geschlechtlichkeit,
1973)*

# TEXTBOGEN 6

*Amniozentese*

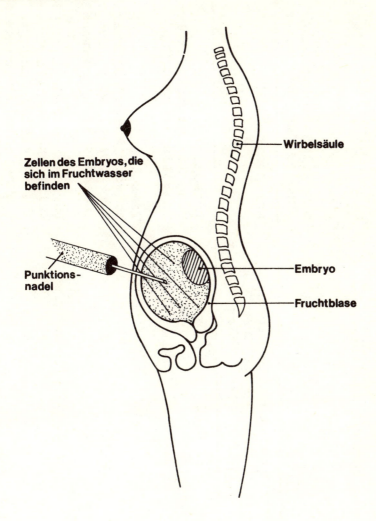

(Aus: G.-H. Neumann: *Unterrichtseinheiten für das Fach Biologie in der Sekundarstufe I*, Reihe: uh 1, Verlag Butzon & Bercker, Kevelaer 1976, S. 169)

# TEXTBOGEN 7

*Häufigkeit von Chromosomenanomalien*

*Karyotyp*
46,XX   normaler Karyotyp einer Frau
46,XY   normaler Karyotyp eines Mannes

| veränderter Karyotyp | durchschnittliche Häufigkeit | abhängig vom Alter der Mutter | Krankheitsbild |
|---|---|---|---|
| 47,XX,+21<br>47,XY,+21 | 1 : 660 | ja | Trisomie 21:<br>Mongolismus bei der Frau bzw.<br>Mongolismus beim Mann |
| 47,XX,+18<br>47,XY,+18 | 1 : 3000 | ja | Trisomie 18:<br>schwere Körperdeformationen;<br>Herzfehler. 50 % sterben bis<br>Ende des 2. Lebensmonats |
| 45,XO | 1 : 2500 | nein | Turner-Syndrom:<br>weibliche sterile Menschen;<br>häufig kleine Statur;<br>schwachentwickelte Brüste;<br>geistig im allgemeinen normal |

| veränderter Karyotyp | durchschnittliche Häufigkeit | abhängig vom Alter der Mutter | Krankheitsbild |
|---|---|---|---|
| 47,XXY | 1 : 700 | ja | Klinefelter-Syndrom: männliche sterile Menschen; häufig unterdurchschnittlich begabt; neigen zur Legasthenie |

Wie aus obiger Tabelle ersichtlich, sind die meisten der genannten Anomalien abhängig vom Alter der werdenden Mutter. Der Karyotyp ist in einer Formelkurzschrift angegeben: links vor dem Komma die Gesamtanzahl der Chromosomen; rechts vom Komma die Konstitution der Geschlechtschromosomen; Autosomenanomalien angegeben rechts vom zweiten Komma mit Nennung des Chromosoms, das zu viel vorhanden ist.

(Aus: G.-H. Neumann: *Naturwissenschaftliche Anthropologie vor ethischen Problemen. Darf die Biologie, was sie kann?, Reihe: MKR 4, Verlag Butzon & Bercker, Kevelaer 1976, S. 30 f.*)

## TEXTBOGEN 8 *Erbberatung*

Besteht die Furcht vor einem erbkranken Kind, so sollte man zur
ERBBERATUNG
gehen. Hier wird von Humangenetikern untersucht, ob die
SORGE
unberechtigt oder berechtigt ist.
Besteht die Sorge zu Recht, wird
überprüft, wie hoch das
RISIKO ist.

keins — niedrig — hoch (25 %)

Ist noch kein Kind gezeugt, so sollte man aus <u>Verantwortung</u> für <u>das Kind</u> auf eigene Kinder verzichten.

Besteht schon eine Schwangerschaft, kann durch vorgeburtliche Diagnose (Punktion der Fruchtblase) in einigen Fällen festgestellt werden, ob das Kind krank oder gesund ist.

BEFUND
positiv — negativ

Das Kind ist krank, z.B. mongoloid. Die Eltern stehen nun vor der verantwortungsvollen Entscheidung, soll das Kind geboren werden oder nicht.

Das Kind ist erbgesund.
GEBURT

Wenn ja,
müssen sich die Eltern darüber bewußt sein, was es bedeutet, ein krankes Kind zu haben. Ebenso sollten sie wissen, daß es möglich ist, in der Gesellschaft auf Unverständnis zu stoßen, denn ein krankes Kind wird leicht als Belastung empfunden.

Wenn nein,
sollten sich die Eltern darüber bewußt sein, daß jede Abtreibung eine ganz erhebliche Belastung darstellt.
Weiter müssen die Eltern abwägen, ob sie die Entscheidung wirklich selbständig getroffen haben, oder ob sie durch direkten oder indirekten sozialen Druck dazu beeinflußt wurden, diese Entscheidung zu treffen. Sie müssen wissen, daß jedes menschliche Leben zutiefst werthaftes Leben ist.

*(Aus: G.-H. Neumann: Unterrichtseinheiten für das Fach Biologie in der Sekundarstufe I, Reihe: uh 1, Verlag Butzon & Bercker, Kevelaer 1976, S. 170)*

TEXTBOGEN 9

*Die Aussichten für eine Genmanipulation*

Der Ausdruck Gen-Manipulation bedeutet eine spezifische Manipulation des Gens (der DNA) eines Organismus mit der Absicht, dessen genetische Eigenschaften zu verändern. Es ist heute möglich, die DNA aus fast jedem beliebigen Organismus zu entnehmen und sie in bestimmte, sich selbst vermehrende Einheiten einzufügen, welche aus Bakterien isoliert werden können. Die hierfür erforderliche Technik ist relativ einfach und hängt ab von der Verfügbarkeit einiger Enzyme, welche die DNA an bestimmten Nukleotid-Sequenzen zerlegen. Die entstehenden DNA-Bruchstücke können gereinigt und wieder zusammengefügt werden, und sie lassen sich zur Infektion von Bakterien verwenden, in denen sie vermehrt werden.
Auf diese Weise soll es möglich sein, Stickstoff-fixierende Gene in viele der gewöhnlichen Boden-Mikroorganismen einzupflanzen, welche dadurch teuren und in vielen Ländern der Dritten Welt knappen Stickstoffdünger einsparen würden.
Es könnte sogar möglich sein, solche Gene in die Pflanze selbst einzufügen. Es gibt aber noch weitere Möglichkeiten ähnlicher Art, die sich entwickeln lassen, wie
- die Erzeugung von dringend notwendigen, aber gegenwärtig sehr teuren Antibiotika,
- die Produktion von spezifischen menschlichen Proteinen oder Peptiden wie Insulin, Wachstumshormone und Antikörper.
- So können wir also billig zu haltenden Mikroorganismen entgegensehen, welche wie Farmen für uns benötigte Nahrungsmittel und biologische Substanzen erzeugen.

Diese neue Technologie, welche die Vervielfältigung spezifischer Genabschnitte erlaubt, eröffnet uns neue Wege, nämlich eine ins einzelne gehende Untersuchung der Struktur und Funktion der Gene höherer Organismen. Auf diese Weise hoffen wir in Zukunft neue Einsichten in Krankheitsprozesse zu erlangen, wodurch erst eine gezielte Behandlung möglich wird.

Krebs zum Beispiel kann angesehen werden als eine Abnormität des normalen Entwicklungsprozesses. Wenn Krebs entsteht, dann verändert sich zunächst eine Zelle in der Weise, daß sie sich nicht mehr dem noch unbekannten Prozeß der Wachstumskontrolle unterwirft. Diese Zelle vermehrt sich unaufhaltsam, und Tochterzellen können durch den ganzen Körper wandern (Metastasen). Durch eine genaue Untersuchung der Genfunktion zu verschiedenen Zeitpunkten werden wir Einblick in den normalen Entwicklungsprozeß von der Eizelle bis zum fertigen Organismus gewinnen. Damit rückt eine Verhinderung oder Umkehrung dieser Störung in den Bereich des Möglichen.

Man darf sich nicht darüber hinwegtäuschen, daß in dieser neuen Technologie auch die Möglichkeit steckt, Mikroorganismen zu erzeugen, welche der Flora und Fauna dieses Planeten gefährlich werden könnten.

Aus diesem Grunde haben sich besorgte Wissenschaftler in vielen Ländern zusammengetan, um Richtlinien festzulegen, welche das Entkommen von möglicherweise gefährlichen Agentien, die bei ihren Experimenten entstehen, verhindern sollen.

(Aus: Umschau 1976, Bd. 76, S. 427)


Heute kann man sagen, daß sich eine sehr potente, verfeinerte Gen-Technik in der Entwicklung befindet, die eines Tages dazu helfen könnte, das Problem der Kontrolle menschlicher Erbkrankheiten anzugreifen...
Ohne Zweifel müssen noch viele Probleme

gelöst werden, ehe die genetische Manipulation zur Realität wird; aber wir erleben gegenwärtig den wissenschaftlichen Durchbruch, der sie möglich machen kann.

*(Aus: Nobelpreisträger S. Ochoa: Manipulation von Genen, in: Naturwissenschaftliche Rundschau 1976, S. 188)*

TEXTBOGEN 10

*Zum Problem der genetischen Manipulation aus der Sicht des Theologen*

Der Theologe gerät in eine tiefe Ratlosigkeit, wenn er nach seiner Stellungnahme zur genetischen Manipulation des Menschen gefragt wird. Die Sittlichkeit des Phänomens, die er beurteilen soll, bezieht sich auf eine ganz neue, so bisher nicht gegebene Wirklichkeit. Früher hatte der Theologe, im ganzen wenigstens, selber einen unmittelbaren Zugang zur Sache selbst, deren sittliche Qualität er deuten sollte. Heute schafft der Mensch der wissenschaftlichen Rationalität, der Technik und der Selbstmanipulation neue Wirklichkeiten, eine Welt zweiter Potenz, die dem Einzelnen, wenn er nicht gerade Fachmann auf dem betreffenden Gebiet ist, ihm, genaugenommen, nur in vagen Umrissen vom "Hörensagen" bekannt ist. Hinsichtlich solcher Dinge wird dann der Theologe, der gegenüber der Sache selbst nur ein uneingeweihter, "blutiger" Laie ist, gefragt, was von ihr menschlich, sittlich und religiös zu halten sei. Wie soll der Theologe da nicht ratlos sein?
Man darf sich diese Situation nicht dadurch verharmlosen, daß man erklärt, so viel, wie zur sittlichen Beurteilung einer bestimmten Sache von dieser gewußt werden müsse, könne jeder, also auch der Theologe, immer noch leicht wissen und erfahren, wenn er sich durch eine wirklich fachmännische Information belehren lasse. Es kann mindestens so sein, daß das "Detail" auch für den Theologen entscheidend wäre, das er dann doch nicht kennt, von dem er nur in einer leeren Antizipation vermutet, daß es existiert, das, wenn er es wüßte, seine ganze Beurteilung ändern müßte.
Es ist nicht möglich, den Gedanken einer

"genetischen Manipulation" der Menschen einfach von vornherein als ein unsittliches Projekt abzulehnen. Für ein christliches Verständnis des Menschen ist der Mensch nicht einfach das Produkt der "Natur", die allein die Möglichkeit und Vollmacht hätte, ihn in seinem Wesen zu bestimmen und zu gestalten. Der Mensch ist nicht nur das Wesen, das im Auftrag Gottes und in Fortführung von dessen Schöpfungsauftrag "sich die Erde (das heißt seine Umwelt) untertan machen" darf und soll. Er ist vielmehr das Wesen, das sich selbst in seiner Freiheit überantwortet und aufgetragen ist. In diesem Sinne soll und muß er sich "manipulieren"...
Die sittliche Qualität einer konkreten genetischen Manipulation hängt von mehreren Faktoren beziehungsweise Momenten ab:

1. von dem konkreten Subjekt dieser Manipulation: das Ehepaar ist etwas anderes als zum Beispiel der Staat oder ein sonstiges aktives Subjekt einer solchen Maßnahme;

2. von dem konkreten und reflex angesteuerten Resultat des ganzen Menschenwesens: so ist z.B. die absichtliche Produktion eines sittlich immer unmündig bleibenden Menschen verwerflich, auch wenn ein solcher für bestimmte Zwecke anderen Menschen sehr "nützlich" sein könnte;

3. von der konkreten Weise einer solchen genetischen Manipulation: es ist nicht von vornherein sicher, daß jede technisch erfolgreiche Planung und Aktion auch dem Gesamten der menschlichen Wirklichkeit sich ohne Wesenswiderspruch einfügt; tut sie das aber nicht, ist sie zutiefst unsittlich.

Alle drei Aspekte der sittlichen Beurteilung der konkreten genetischen Manipulation lassen sich auf einen gemeinsamen Nenner bringen:

diese muß in ihrer konkreten Wirklichkeit
danach beurteilt werden, ob sie dem Wesen des
Menschen gemäß oder wesenswidrig ist.

*(Karl Rahner, in: Menschenzüchtung, hrsg. von
Friedrich Wagner, Beck'sche Verlagsbuchhandlung, München 1969, S. 135 ff.)*